Reina's
makeup method

鏡を見るとがっかりするようになったあなたへ

45歳からの自分を好きになるメイク

レイナ
reina

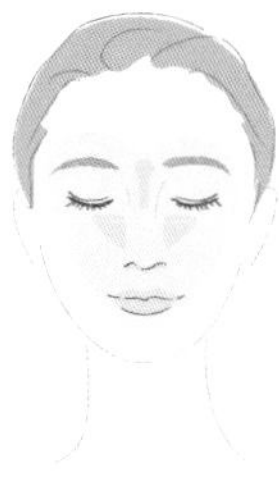

主婦と生活社

はじめに

今までは若さで乗りきれていたいろんなことが、無視できなくなってくるのが45歳前後からではないでしょうか。

一般的に更年期を迎えると言われる年齢に突入し、肌や顔つき、体型の変化はもちろん、体力の衰えを実感したり、今までのような踏ん張りがきかなくなったり。仕事に育児に、介護にと忙しく立ち働く日々のなかで、自分のことを二の次にしていると、ある時突然、今までの疲れがどっと押し寄せてしまうこともあるでしょう。

そうなると気持ちは下がる一方。どんどん自分に自信がなくなり、気がつけば鏡を避ける毎日に。デパートの明るいトイレやヘアサロンの大きな鏡を恐怖に感じてしまうこともあるかもしれません。

でも鏡を見ることは、そんな自分を助けてあげられる手段でもあるのです。つい嫌なところが目について鏡を直視するのが怖くなってしまいますが、そんな時こそ、頬や唇に血色感をプラスするだけで、気持ちは上向くもの。その〝元気な私〟を鏡に映して、ニコッと笑える時間をふやしてほしい。ほかでもない自分のために――。

本書はそんな願いから生まれました。この本をつくっている自分たちもまた、変化の渦中にいる一人の女性として。

美魔女を目指しているわけではありません。ほかの誰かになりたいわけでもありません。ただ、これからの日々を前向きに楽しく生きたい。そのためのメイクをレイナさんに教えていただきました。

鏡に映る自分、すなわち、自分が見ている景色が変わると、毎日も変わってきます。人生はまだまだこれから。自分に目を向けてこれからの日々を健やかにすごしていきましょう。

メイクは毎日を自分らしくすごすための元気のスイッチ

こんにちは、メイクアップアーティストのレイナです。本書を手に取ってくださり、ありがとうございます。私は雑誌や広告の撮影でモデルや文化人のヘアメイクを手掛けるかたわら、一般女性向けのプライベートメイクレッスンをおこなっています。長年、多くの方のリアルなお悩みをうかがいながら、その解決のお手伝いをしてきました。

私のところにいらっしゃる40～50代のお客さまの多くは、「顔の変化とともに、今までのメイクが似合わなくなってきた」「何をしてもパッとしない」と、悩みに悩んだ末にレッスンに来られます。そして、鏡の前に座るとうつむき加減になり「自分の嫌な部分ばかりに目がいくので、鏡を見られません」と、おっしゃるんです。

ですが、私と一緒にゆったりと深い呼吸をしながら、やさしくていねいにスキンケアやマッサージをしていくと、肌にツヤが出て血行もよくなり、ハリと透明感のある肌に変化していきます。そうするうちに、鏡の中のご自分を見る瞳は輝き、姿勢はよくなり、みるみるうちに表情がほころんできます。カチコチだった心がほぐれはじめるのです。そうなればもう大丈夫！　あとはみなさんそれぞれの魅力を活かす最小限のメイクで、見違えるほど本来の美しさが溢れ出します。自分の顔を知り、どうすればどう見えるのか、という仕組みさえわかれば、これから先さらに歳を重ねても、怖いことなんてありません。

気持ちも体調も揺らぎがちなときこそ、自分自身をいたわるように、やさしく触ってスキンケアやメイクをしてあげてください。気づかないうちに自分のことを無視し続けてきてしまった方や、鏡を見たくなくなってしまった方にこそお伝えしたいことを、この1冊にぎゅっと詰め込みました。

どうか、みなさんが少しでも自分のことを好きになれますように！

レイナ

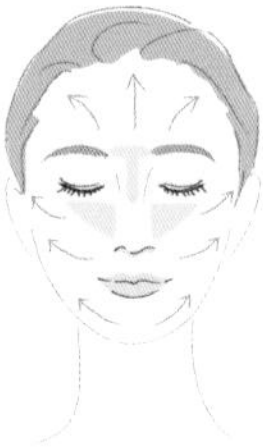

Part. 1 ベースメイクを見直そう

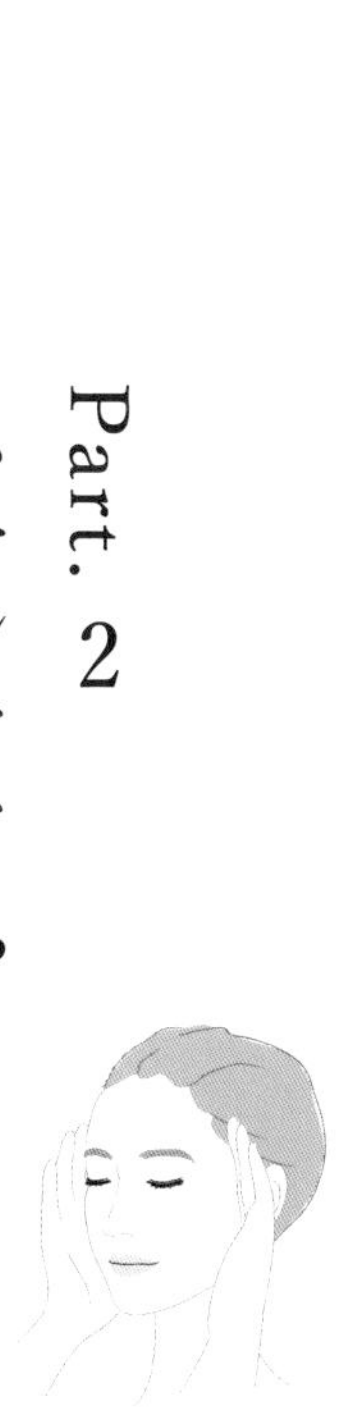

Part. 3 メイクをアップデートしよう

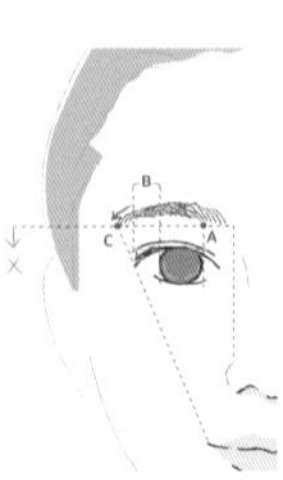

ベースメイクを見直そう

Part.1

みなさんは、メイクにどういうイメージをもっていますか。40代後半になると、シミやシワ、肌のあらが気になり〝隠す〟メイクに苦心しがち。ですがそれだけだとメイクがただの作業になり、だんだん面倒になってしまいます。少しずつ肌の悩みがふえていく年齢に入りましたが、そんな自分と向き合いながらもイキイキとした毎日をおくること。その〝手助け〟が、大人のメイクの役割です。気になるところを極力自然に、シンプルにカバーしながら、光と血色をプラスして内から輝く自分へ。健康的なベースメイクで日々を楽しくすごしましょう。

question

ファンデーションを塗ると、より〝肌の衰え〟を感じてしまいます。

answer

ファンデーションは塗らなくてもOK！下地オンリーで素肌を生かしたメイクを。

メイク=ファンデーションを塗ることと思っている方が多いのではないでしょうか。でも実は、その人本来のキレイを引き出すという意味では、ファンデーションより下地の力を借りるのが効果的。というのも、今の下地は劇的に進化を遂げているから。肌の凸凹をなめらかにしたり、くすみを補整したり、保湿したうえテカリを抑えてくれたりと、一つで肌の悩みを広くカバーしてくれる優秀な製品がたくさん出ています。これに対して、ファンデーションは肌に色をのせて質感を変えるのが主な役目なので、単体では透明感が出にくいのです。

今はメイクに〝抜け感〟や〝軽やかさ〟を重視する時代。ファンデーションは塗らず、下地で肌づくりするほうが、ナチュラルでみずみずしい印象になるのでおすすめです。下地だけで隠せないシミやクマは、コンシーラーをプラスして部分的にカバーします（p.18〜21、p.24〜25参照）。より華やかに仕上げたいときは、下地のあと顔の真ん中のハートゾーンにファンデーションを重ねるといいですよ。

素肌感を生かしたベースづくりの極意

①肌悩みが気にならなくなる下地を選びましょう

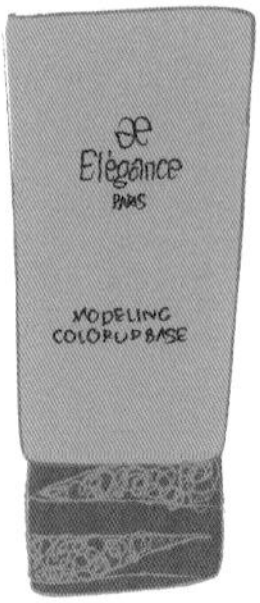

くすみが気になる

血行不足による肌の暗さはオレンジ色の下地でカバー。一体感のある化粧膜でつけ心地も◎。

[アルビオン] エレガンス モデリング カラーアップベース OR200（しっとり）

すぐに化粧がくずれちゃう

汗に強い、くずれ防止テクノロジーを搭載。一日なめらかで美しい肌をキープできます。

[ELC ジャパン] エスティローダー ダブルウェア セカンドスキン クリーム プライマー

自然な明るさがほしい

まるで美容液のような使い心地。色ムラを補整しつつ、自然なツヤ感でヘルシーなうるおい肌に。

[エトヴォス] ミネラルインナートリートメントベース クリアベージュ

毛穴をカバーしたい

毛穴の目立たない肌を目指すスキンケア効果に優れた下地。皮脂テカリが気になる方にもおすすめ。

[オルヴェオン グローバル ジャパン] ベアミネラルズ プライム タイム オリジナル ポア

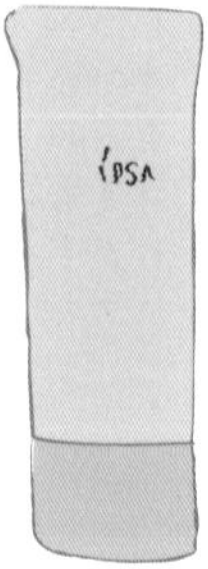

赤みを抑えたい

赤みを抑えるのには黄色の下地を。肌になじむ使い心地で、自然な明るさと輝きが。

[イプサ] コントロールベイスe（イエロー）

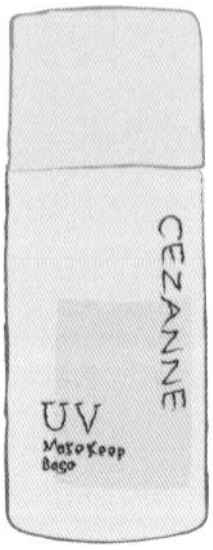

テカリをなくしたい

メイク崩れの原因となる皮脂を吸収。ベタつかずサラサラの感触で、化粧持ちも抜群。

[セザンヌ化粧品] 皮脂テカリ防止下地

②顔の中央は多め、外側は少なめにのばして、メリハリをつけます

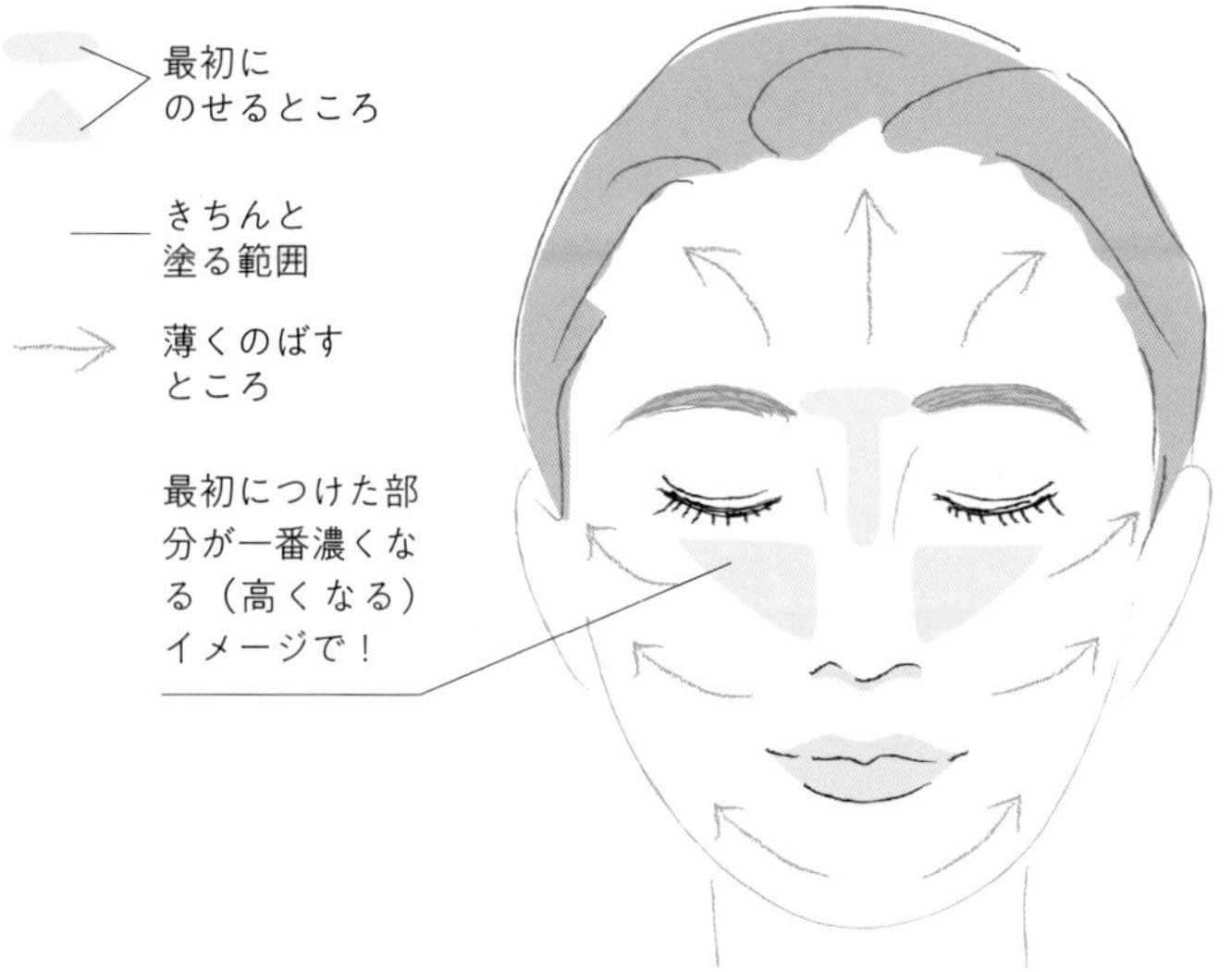

最初に
のせるところ
きちんと
塗る範囲
薄くのばす
ところ
最初につけた部分が一番濃くなる（高くなる）イメージで！

下地を適量手に取り、目の下とＴゾーンにのせ、手の平を使ってスキンケアする感覚で、内側から外側に向かってのばすと、自然で立体的な仕上がりに。

③ファンデーションを重ねる時はハート形に

黄色の
コンシーラーを
のせるところ
塗り広げる範囲
厚塗りに見えないコツは、外側まで塗らないこと。顔だけが白浮きするのも防げます。

眉間や鼻根、目の下の三角ゾーンに黄色のコンシーラーで“光”をのせて立体感を出します。次に、クッションファンデーションをスポンジに取って、まずは目の下に。次にまぶた、鼻、額の順にポンポンと軽いタッチでハート形に広げ、塗っていない部分と自然につながるようにぼかしましょう。

question

近頃、疲れていないのに「疲れてる?」って聞かれます。きちんとメイクもしているのに…。

answer

年を重ねるとどうしても血色が減りがち。下地のあとクリームチークで血色を仕込みましょう。

頬やこめかみに塗ったあと、指に残ったチークを点線の部分にさっと伸ばすと全体がまとまります。より詳しいチークの入れ方は p.36 ～をご参考に。
中指か薬指の腹でトントンと広げると、ふんわりつきます。
ポン
ポン

イキイキとした印象には血色が欠かせません。血色が減る大人世代のメイクではベースづくりの段階で、クリームチークを使ってうるおいやツヤ感のある血色を仕込んでおくことが大切です。頬からこめかみにはしっかりめに、生え際やまぶた、輪郭にもほんのりと、コーラルピンクのクリームチークを仕込んでおくと、血色と立体感がプラスされ健康的な肌色に。さらに、メイクの仕上げの際に同じようにパウダーチークをのせれば、一日じゅう明るく元気に見えますよ。

question

クマを隠そうとすればするほどコンシーラーやファンデが分厚くなり不自然になってしまいます。

answer

クマ退治に必要なのは〝血色〟と〝光の反射〟。2色のコンシーラーで自然にカバーできます。

クマを隠すのにファンデーションを重ねてしまう方が多いようです。また、暗さを解消するために明るいベージュのコンシーラーを選んでしまう方も。実はこれは逆効果。目元の黒ずみは、血色をプラスしないと消えません。

まずはオレンジのコンシーラーで血色を足し、その上に黄色のコンシーラーで明るさを加えて。そうすることで薄づきながらクマはしっかり隠せます。もしこれでも気になるようなら目の下だけ下地をパール系にしてみても。レフ板効果で暗さが飛び、目元が明るく見えますよ。

+ Point
鼻根にも黄色のコンシーラーを塗っておくと、パッと明るい目元に。

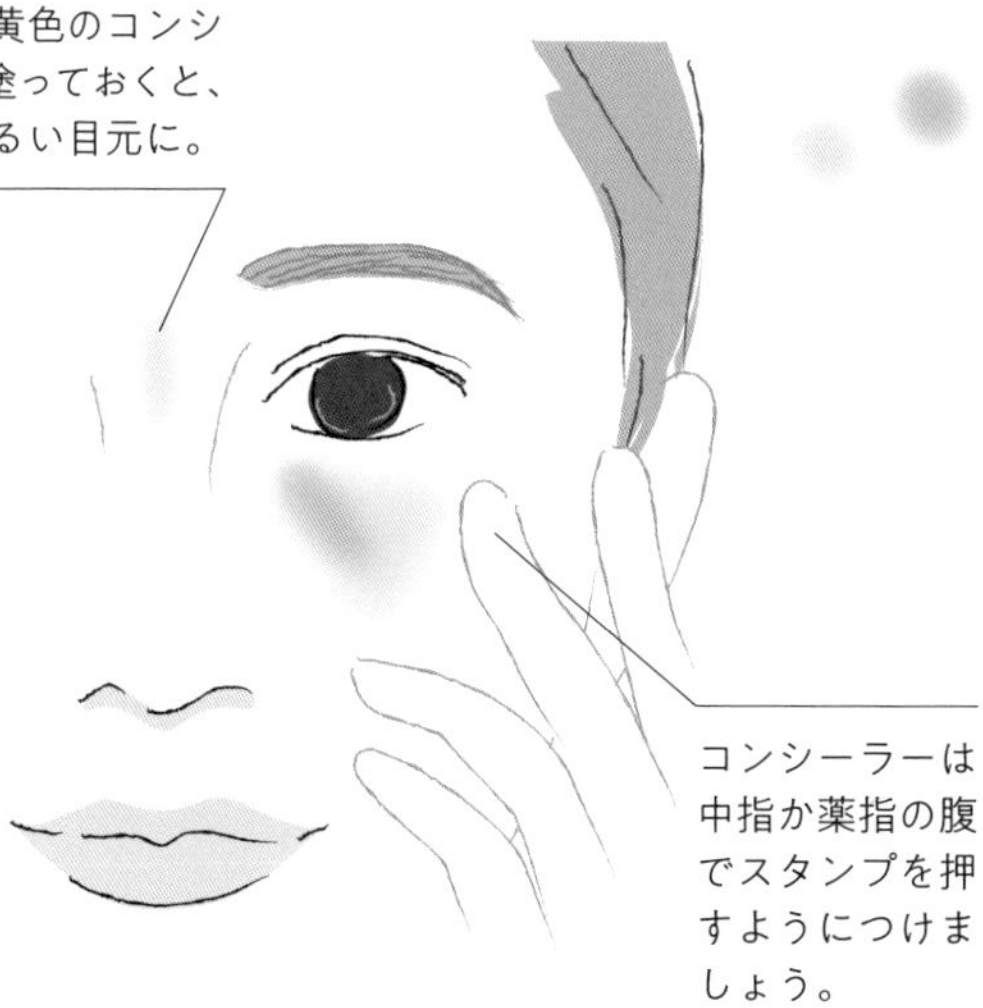

コンシーラーは中指か薬指の腹でスタンプを押すようにつけましょう。

おすすめはコレ!

密着性と保湿力に優れたオイルや保湿成分が肌表面にピタッと密着。一日じゅう乾燥しません!

[ケサランパサラン] アンダーアイブライトナー

question

目の下にできてしまったたるみ袋もメイクでなんとかなりますか？

answer

たるみによる高低差を〝色〟で解消。2色のコンシーラーでへこんでいる部分だけ明るく。

影で暗くなっている部分だけに２色のコンシーラーを。使用するコンシーラーは、クマ退治（p.19）で紹介したものと同じもので大丈夫。

２色のコンシーラーは、たるみ袋のふくらんだ部分を避けて、下のへこんで影になっている部分にだけのせます。

影のラインに沿って、オレンジ色のコンシーラーを綿棒でうっすらと塗り、その上に黄色のコンシーラーを指先か小さいチップでのせてなじませてください。

コンシーラーのわずかな厚みと明るさの効果によって、へこんだ部分の影が消え、高低差が緩和されて、たるみ袋が目立たなくなります。膨らんだ部分には塗らないでくださいね。

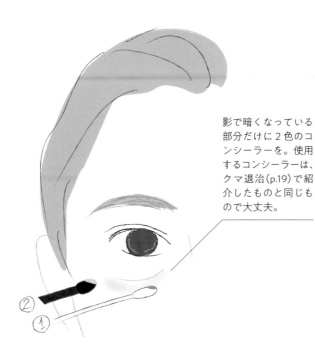

question

老け見えの原因のほうれい線を少しでも薄くしたい!

answer

コンシーラーのハイライト効果に注目を。ねこヒゲ塗りで7割カバーできます。

コンシーラーには、ハイライト効果で気になる部分を目くらましする役割もあります。こういった狙いのときに使用するコンシーラーは、筆ペンタイプのやわらかめで明るいベージュがベスト。大人世代になると気になりはじめるほうれい線に対しても、威力を発揮してくれます。

まず、ほうれい線を横切るように線を3～4本引き、線を顔の内側から外側に向かって中指の腹でやさしくはじくようになじませたら完成です。完全に隠そうとするとかえって目立ってしまうので、7割目立たなくなれば充分ですよ。

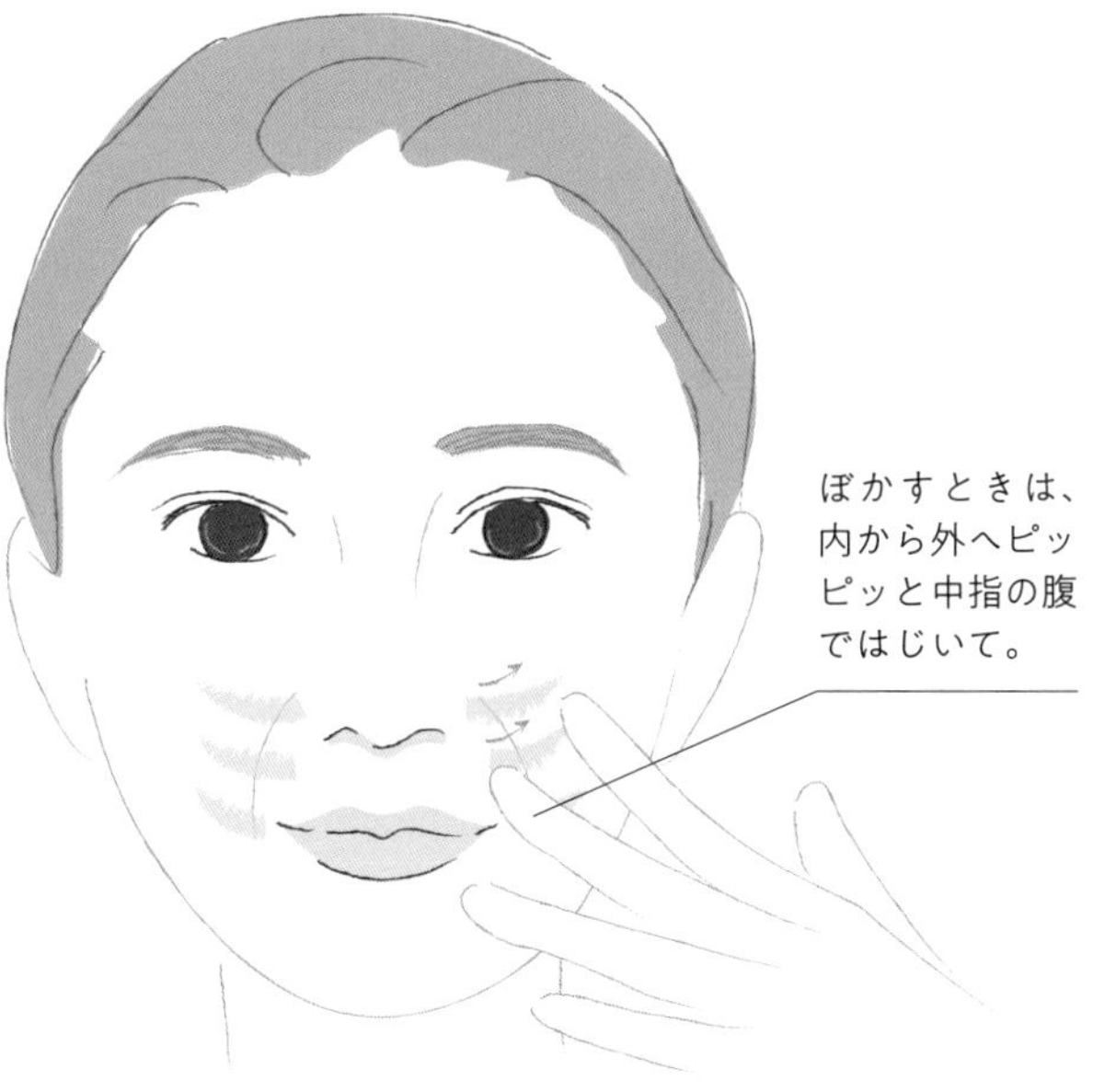
ぼかすときは、内から外へピッピッと中指の腹ではじいて。

おすすめはコレ!

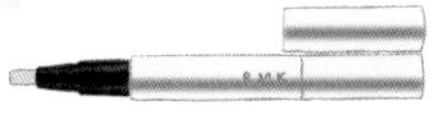

ウォータリーでスッと素肌になじむ使い心地。薄いベールのようでヨレにくいのも◎。

[RMK] ルミナス ペンブラッシュコンシーラー 05

question

だんだん濃くなるシミ。コンシーラーで消しても、よれたり、はげたり。レーザーで消すしかない？

answer

シミの部位や種類によってコンシーラーの選び方と使い方が違います。

頬のシミには適度なやわらかさのパレットタイプがおすすめ。オレンジ色のコンシーラー（p.19）をチップでつけ、チークとなじむようにトントンと押さえます。

顔側面のシミには、しっかり硬めのコンシーラーがベスト。スティックタイプのベージュのコンシーラーをシミよりひとまわり大きくグリグリと直接つけて、アウトラインだけ指でぼかします。そのあと、パフにとったフェイスパウダーをポンとのせてカバーするとよれません。

それでもシミが気になってしまうようなら、レーザー治療でとってしまう手も。

ただ肝斑や老人性のシミ、太田母斑など、シミの種類によって治療法が違うので、皮膚科でしっかり診てもらってから処置をしてくださいね。

ぼかす際、シミの部分のコンシーラーには触れないこと！アウトラインのみを指でトントンとやさしく触って、周囲になじませましょう。

おすすめはコレ！

色がしっかりのる分、カバー力は高め。シミの気になる部分だけにポイント使いするのがおすすめ。

［資生堂］クレドポーボーテ コレクチュールヴィザージュｎDO

base makeup 7

ベースメイクに関するお悩み

question

フェイスパウダーをつけた途端、急に老けた感じがするのはなぜ？

answer

ツヤを消してしまってはいませんか？クリアなパウダーで〝テカリのみ〟抑えましょう。

ツヤは若々しさの証。せっかく下地やクリームチークでツヤっぽく仕上げても、フェイスパウダーをたっぷり重ねては台無しです。色のつかないクリアなパウダーでテカリだけを抑えましょう。顔全体に同じようにつけるのではなく、眉や目のまわり、小鼻、口角など、よく動きメイクがヨレやすい部分、皮脂の多い部分にはスポンジでしっかりと。次にフェイスブラシかふわふわのパフに持ち変え、頬以外をさらっとなでるようにつけます。乾燥しやすく、ツヤを残したい頬は最後に軽くのせるだけでOK。

皮脂が出やすいところや、メイクが崩れやすいところはスポンジでしっかりと。
黄色でマークしている部分以外は、フェイスブラシかパフで軽く。特に頬は、ついたかつかないかくらいで大丈夫。

おすすめはコレ!

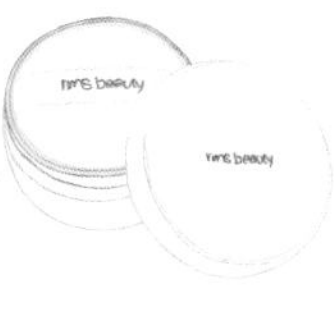
rms beauty
rms beauty

とても細かい粒子がテカリをしっかりと抑え、ずっと触っていたくなるサラサラな肌に。

［アールエムエス ビューティー］アンパウダー 00

question

頬がたるんだせい？顔と首の境目がなくなって見えます…。

answer

今や輪郭もメイクでつくる時代。シェーディングで余分な部分を削ってしまいましょう。

シェーディングとは肌色より少し暗めのパウダーやクリームなどを使って顔に陰影をつけるメイクテクニックのこと。この頃は、肌なじみがよく自然に仕上がる製品がふえています。メイクのプロに限らず、誰でも使いやすいものがたくさん出ているので、ぜひ試してみてください。なかでも大人世代におすすめなのが、伸ばし方次第で濃さを調整できるスティックタイプのもの。直接付けたら手で伸ばすだけでOKなので失敗しにくく、ぶきっちょさんも安心して使えます。

おすすめはコレ!

高密着オイル配合で肌にフィットしつつも、仕上がりはサラサラ。落ちにくさも優秀!

[セザンヌ化粧品] シェーディングスティック

+ Point
毛が薄くなった生え際に入れると小顔効果が。

輪郭を少しオーバーするような感じで首の部分にもシェーディングを伸ばし広げると、より自然な仕上がりに。

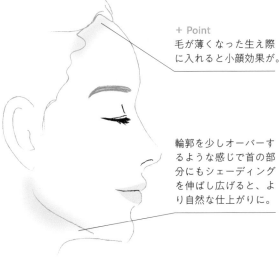

base makeup 9

ベースメイクに関するお悩み

question

更年期で汗が大量に。メイクをしてもすぐに崩れてしまいます。

answer

首の後ろと脇の下を冷やしつつゆっくり呼吸をして、気持ちを落ち着かせて。

暑い時期の外出時や朝の忙しい時間に汗がとまらなくなってしまったら、首の後ろや脇の下を冷やしましょう。汗が出るとつい、顔をあおいでしまいますが、顔に直接風をあてるより効果があります。

またメイク後にメイク崩れを防ぐフィニッシュスプレーを吹きかけておくのも効果的。護身用としてひとつ持っておくと、精神的にも安心です。

そもそも更年期の過剰な汗は、自律神経の乱れが原因なのだそう。汗がひかないときは「ホルモンの仕業だ」と思って、目を閉じて丹田呼吸をしてみてください（p.58〜59参照）。ゆっくりと呼吸をしているうちに副交感神経が優位になり、次第に汗もおさまってくるはずです。

首にかける保冷剤や冷えたペットボトルを使うと手軽。携帯型扇風機で風を当てるのも有効です。

大人のキレイを引き出すには「光と影と血色」が大事！

年を重ねて更年期に入ると、体調だけでなく顔つきや表情についてもさまざまな悩みが生じてきます。なかでも多くの方に共通して起こるのが、**肌ツヤ**や**血色**の減少と顔の骨格や肉づきの変化による悩み。肌ツヤや血色が少なくなると疲れたような印象を与えがち。また太ったりやせたりはもちろん、筋肉の衰えや骨がやせることでフェイスラインが変化すると、顔が平面的に大きく見えたり、人によってはこけて見えてしまうことがあります。その悩みを解決するのに欠かせないのが「光と影と血色」です。

たとえば、骨がやせて頬やこめかみがへこみ、骨ばって見えてしまう場合は、**光**を演出するコンシーラーとハイライトで**ふっくら**と。逆に太ったり筋肉が落ちて、のっぺりと見えてしまうなら、**影**を演出するシャドウと前述の光を組み合わせて**立体的**に。また、血色不足による肌の暗さは、クリームチークによる仕込み**血色**で**明るく**。この〝補整力〟が大人のキレイの要です。

まずは鏡を見てチェック
あなたの顔のバランスはどのタイプ？

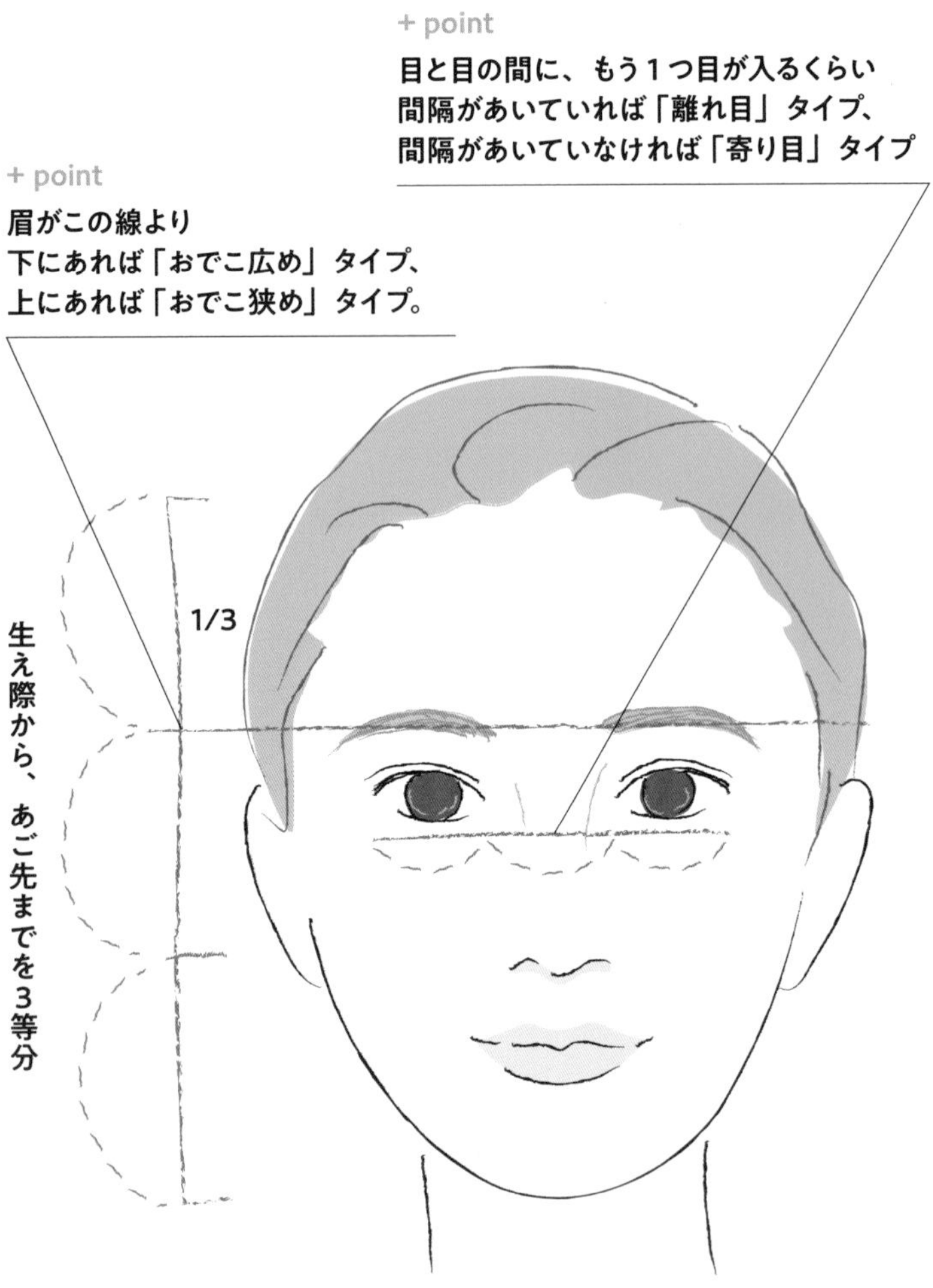
+ point
目と目の間に、もう１つ目が入るくらい
間隔があいていれば「離れ目」タイプ、
間隔があいていなければ「寄り目」タイプ
+ point
眉がこの線より
下にあれば「おでこ広め」タイプ、
上にあれば「おでこ狭め」タイプ。
1/3
生え際から、あご先までを3等分

人の顔はみんな違って、それが個性になっています。個性を大切にしながらメイクすることが大切ですが、メイク次第で顔の印象が変わることを、まずは知っていただけたらと思います。ここでは、顔のパーツの重心を基準に人の顔の傾向を4タイプにわけて、顔から受ける印象をとらえやすくしました。またp.36〜37では、大人の女性が個性を生かしつつ〝明るくイキイキとした顔〟を目指すときに、光と影と血色をどこに補ってあげるといいかをイラストで解説しています。

人の顔のバランスはざっくり分けてこの4タイプ
受ける印象のいい点を引き立てましょう

A type
おでこ広めの離れ目さん

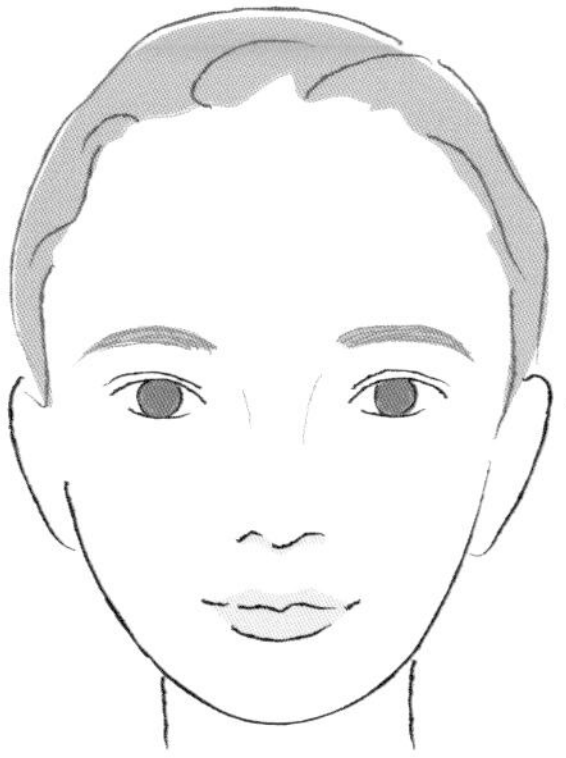

若く見え、おだやかな印象が魅力的な反面、ともすると、間延びした印象に映りがちな傾向にあります。
→少し引き締めるイメージで、光と影と血色を入れるとイキイキした印象に。

B type
おでこ広めの寄り目さん

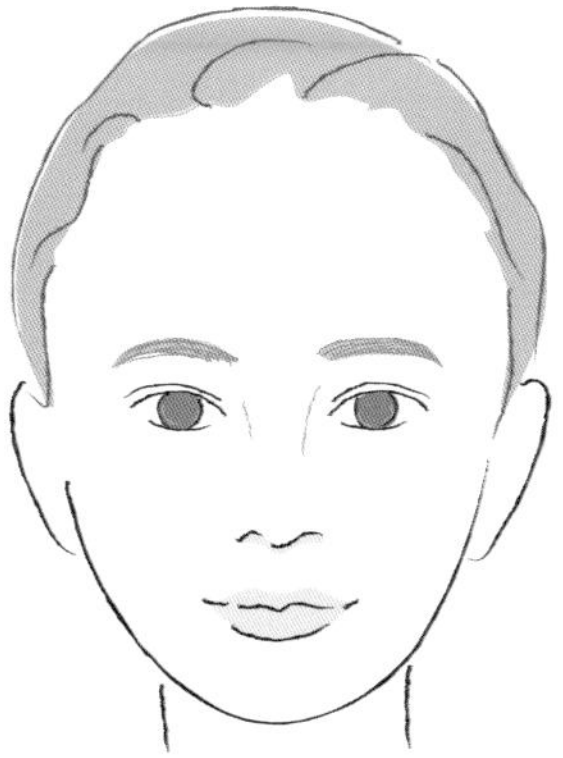

イキイキとしてキリッとシャープな印象が魅力。その反面、険しい表情に見えてしまうこともあります。
→眉間や目と目の間に“間”をつくってあげると、やわらかな印象に。

C type
おでこ狭めの離れ目さん

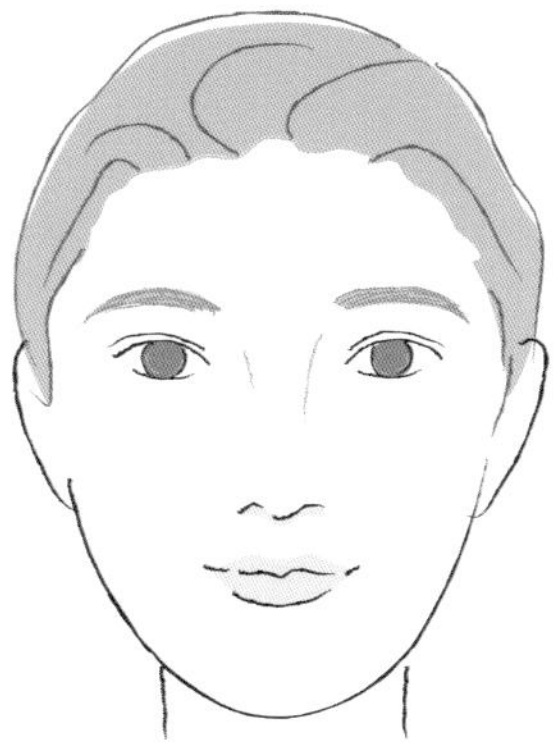

おだやかで落ち着いた雰囲気がすてきですが、時に寂しげに見えてしまうことがあるかもしれません。
→額を明るくして、チークを頬に丸く入れることで若々しい印象に。

D type
おでこ狭めの寄り目さん

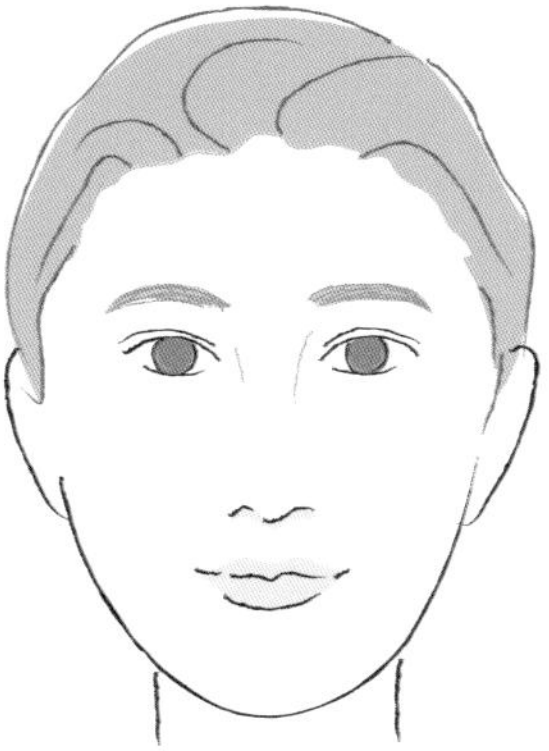

落ち着きのあるしっかり者に見えるのが魅力ですが、場合によっては、厳しい人に見えてしまうことがあるかも。
→光を多めに入れると柔らかさが加わり、凛とした美しさが引き立ちます。

A type
おでこ広めの離れ目さん

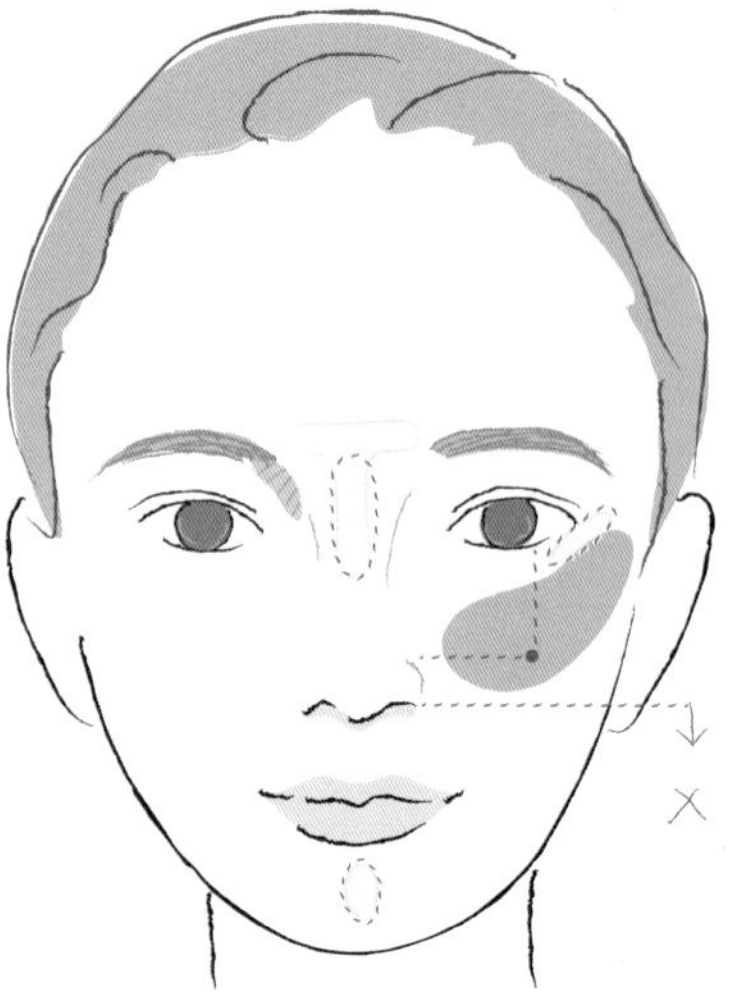

メイクのポイント

【光】

Tゾーンは高さを強調するために、細めに入れます。目尻は黒目の際より外側、目尻から少しはみ出るくらいの範囲に小さく入れて。この部分が飛び出して見えると、隣のこめかみが引っ込んで見え、立体感がアップ。唇の下には、縦の楕円形に入れると上下のバランスが整います。

【影】

眉頭から鼻筋に短い弧を描くように入れ、両目の間隔を引き締めます。

【血色】

始点より内側に広げると頬の余白のバランスがよく見えます。額の広い人はチークを丸く入れると若づくりな印象になることがあるので、こめかみに向かって勾玉を描くように入れるとほどよく落ち着いた印象に。

C type
おでこ狭めの離れ目さん

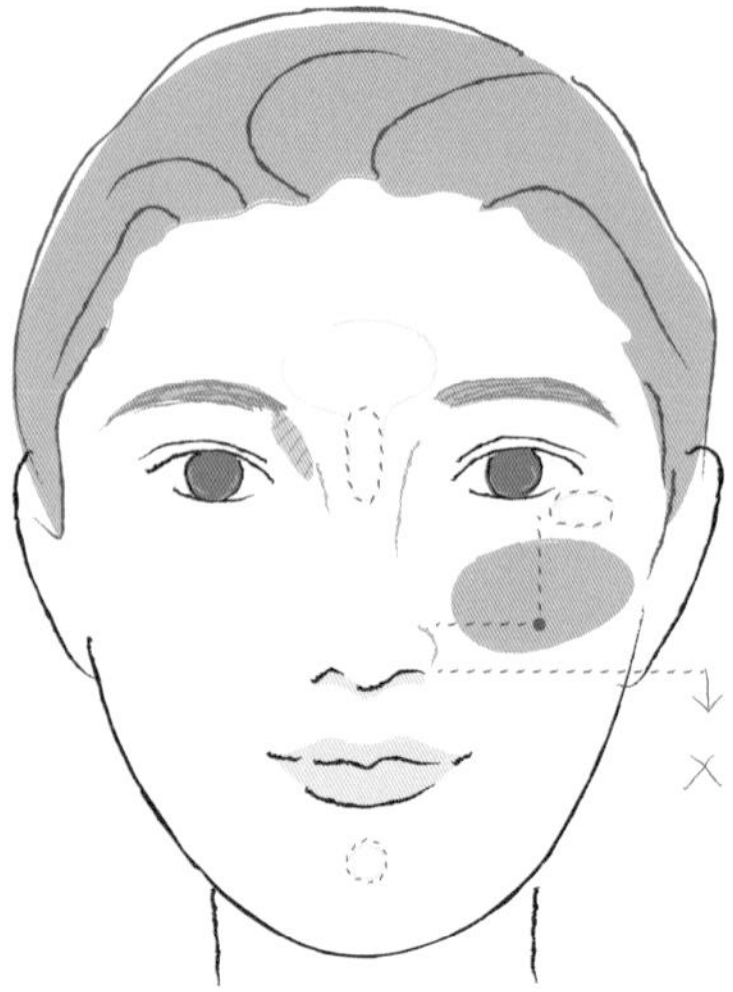

メイクのポイント

【光】

額にコンシーラーを楕円状に入れると、おでこが少し広がって見えて若々しく見えます。鼻筋は高さを強調するのが目的なので、範囲は小さめに。目尻は黒目の際より外側に小さめに入れて立体感をアップ。唇の下はチョンと小さくでOK。

【影】

眉頭から鼻筋に短く弧を描くように入れ、両目の間隔を引き締めて。

【血色】

落ち着いて見えるタイプなので、チークは大きめの楕円形に入れて若々しい印象を加えます。始点より内側にも伸ばして、頬の余白を埋めるとバランスよく見えます。

【光】黄色のコンシーラーを入れる位置
【ツヤ】ハイライトを入れる位置
【影】ベージュ系のパウダーを入れる位置（p.39 参照）
【血色】チークを入れる位置
※小鼻の上と黒目の外側から引いた線が交差する点を始点にチークをのせ、広げてください（p.17 参照）。鼻より下に入れると顔が下がって見えるので注意。

B type
おでこ広めの寄り目さん

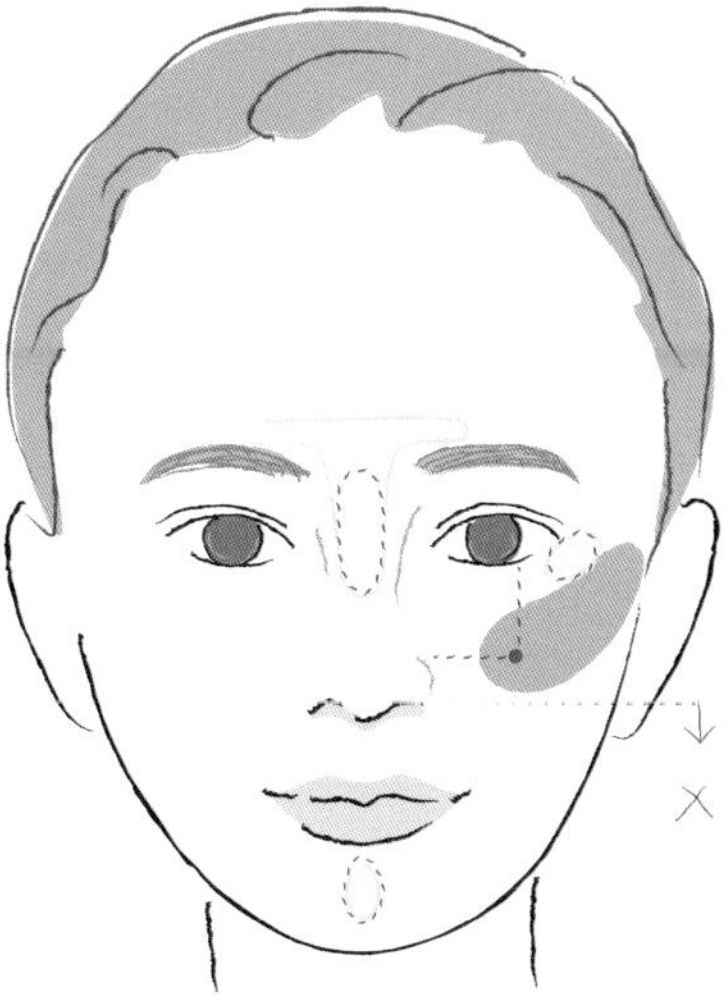

メイクのポイント

【光】

眉間から鼻筋にかけて広めに入れると両目の間隔が少しゆるやかに見えます。目尻の下はやや広めに。顔のサイドの余白が広めなのでここに光を入れるとこめかみ部分が引っ込んで見え、小顔効果が。唇の下には縦の楕円形に入れて、顔の上下のバランスをとります。

【血色】

始点より内側に入れると、険しそうな印象に見えることがあるので、始点より外側を意識して入れます。また、額が広く若く見られる傾向があるので、丸く入れるのは避け、目尻に向かって小さな勾玉を描くようににじませると年相応の落ち着いた印象が加わります。

D type
おでこ狭めの寄り目さん

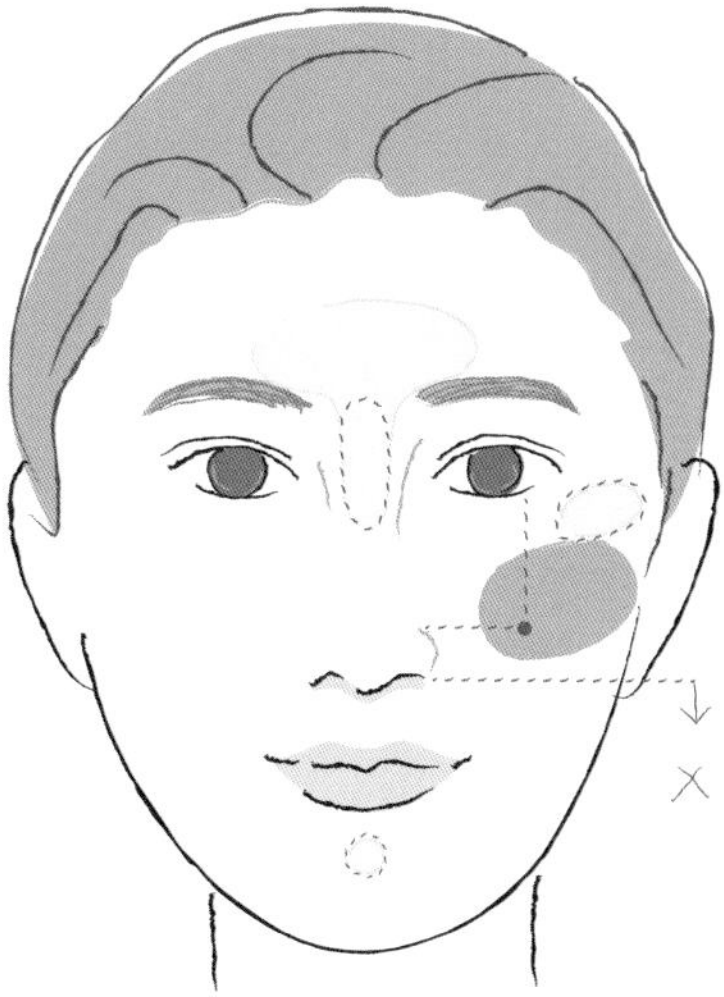

メイクのポイント

【光】

額を少し広く見せ、両目の間隔をゆるやかにするために、Tゾーンに広めに入れます。こうすると落ち着いていて優し気な印象に。目尻の下はやや大きめに。顔のサイドの余白が広めなのでここに光を入れることで、こめかみ部分が引っ込んで見え、小顔効果が。唇の下はチョンと小さくで OK。

【血色】

楕円形にチークを入れると、若々しい印象に見えます。ただし、このタイプの人は顔の内側まで広げると、厳しそうな印象を与えてしまう可能性があるので、始点より外側に、横広に入れましょう。

全バランス共通・光と影と血色の入れ方について

【光】について

メイクで演出する光には2種類あります。ひとつは、色の明るさで感じさせる光（黄色のコンシーラーを使用）、もうひとつは、ツヤで感じさせる光（クリームハイライトを使用）です。

まず、ベースメイクの際に下地とファンデーションを塗ったあと、黄色いコンシーラーで光を仕込みます。黄色は実際の肌色より明るく肌なじみのいい色なので、塗ると自然な光に見え、大人世代にこそおすすめ。塗ったところが飛び出して見えたり、広がって見えたりする視覚効果があるので、上手に使うと平面的になった顔を立体的に見せることができます。太ったりむくんだりすると、のっぺりしてしまいがちな眉間と鼻筋（Tゾーン）のほか、目尻の下に入れると、そこがまわりより飛び出して見えて立体感が出ます。

顔の上部ばかりに光を入れると重心が上がりすぎてしまうので、下唇のすぐ下の部分にもちょこっと入れて、バランスをとるのを忘れないで。

ツヤ感を出すクリームハイライトは、メイクの仕上げの光として使います。ツヤ系の光の効果で、フレッシュな印象を加えることができますよ。入れる箇所は、ベースメイクの黄色のコンシーラーとほぼ同じですが、眉間には入れないようにしてください。

アイテム紹介

明るさの【光】
コンシーラーの黄色

【使うタイミング】ベースメイク時

p.19で紹介した商品と同じ。ここでは黄色のみ使用。オレンジはクマ隠しなどに使えます。

［ケサランパサラン］アンダーアイブライトナー

アイテム紹介

ツヤの【光】
クリームハイライト

【使うタイミング】フェイスパウダーのあと

クリームチークですが、薄いピンク色のPK107はハイライトとしても優秀。みずみずしいツヤがだせます。

［エレガンス］スリーク フェイス N PK107

【影】について

光を加えると、対比で影ができます。光を入れた部分の周囲は逆に引っ込んで見え、自然な立体感が生まれるのです。この光と影の対比のおかげで、メリハリのある表情に見えるというわけ。

また、肌色よりほんの少し暗い色（たとえばアイブロウパウダーのベージュなど）を部分的に入れると、そこが周囲より引っ込んで見えて引き締まったように感じます。p.36～37では、AタイプとCタイプの〝離れ目さん〟向けに、ほどよく〝間〟を引き締めるための「影」のつくり方をお伝えしています。眉毛を描いたタイミングで、アイブロウパウダーの3色セットの中のいちばん明るいベージュを指にとり、眉頭の下から鼻筋にかけて弧を描くように自然になじませてください。すると、目と目の間隔がなんとなく狭まったように見え、印象がきゅっと引き締まります。

アイテム紹介

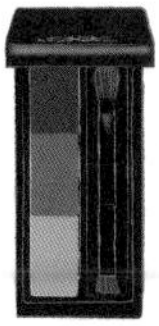

【影】
アイブロウパウダーのいちばん明るい色

【使うタイミング】眉を描いたあと

粉っぽさがなく、しっとり伸びやかなタッチで広げられるのが魅力的。

［コーセー］ヴィセ リシェ アイブロウパウダー BR-2

【血色】について

一日じゅう明るく元気な顔に見せるのには、クリームチークによる〝仕込み血色〟が欠かせません（p.17参照）。仕上げに入れるパウダーチークと併せて使うことで色もちがアップ。一日じゅう顔色よくいられます。クリームチークが優れているのは、肌なじみがいい上、自然なうるおいやツヤ感を演出してくれるから。肌の内側からにじみ出る血色のように見せることができます。うるおいやツヤ感の効果でふっくらと飛び出して見えるので、頬のリフトアップ効果も望めますよ。

アイテム紹介

【血色】
クリームチーク

【使うタイミング】ベースメイク時

しっとりしてシルキーなツヤのある血色が演出できます。植物美容オイルとミネラルパウダーを配合。

［MIMC］ミネラルクリーミーチーク（サニーピンク）

今の自分を受け入れる

この本を手に取ってくださった方は、鏡を見てふと「もう若くはないのかも」と寂しく感じた経験があるのでは。永遠に若い人はいないと頭ではわかっているはずなのに、自分の変化はなかなか受け入れにくいものですよね。

ですが、40～50代は考え方を変えるのにいい時期です。なぜなら、大人がキレイに見えるかどうかは、顔立ちではなく「顔つき」しだいだから。加齢による変化を嘆いてばかりだと顔つきは暗くなる一方。それよりまずは、頑張ってきた自分を認めてあげてください。そして、昔覚えたメイクから、今の自分に合うメイクに変えていきましょう。

大人世代に必要なのは、若づくりではなく「今の自分をいたわり、愛してあげるメイク」。今の自分を受け入れ、毎日少し心と手をかけてあげるだけで、イキイキとした表情が戻ってきますよ。

Part.2

スキンケアをあらためよう

若い頃と同じように、なんとなく続けているスキンケア。実は、それが老化を招いてしまっていることがあります。肌が乾燥しているにもかかわらず、皮脂の多かった昔と同じように洗顔をしたり、さっぱりした化粧水を選んだりしてしまってはいないでしょうか。キレイになるためには、その無関心をあらためて、日頃から自分の肌や表情に気持ちを向けてあげることが大切。今日の自分はどんな顔をしているでしょう。毎朝、毎晩のスキンケアは、肌をとおして、自分をいたわってあげる時間。やさしくお手当てしてあげてくださいね。

question

しっかり洗顔しているのに、肌がテカってしまいます。だんだん毛穴も開いてきたような…。

answer

洗いすぎが原因かも。若い頃と同じ洗顔方法を続けていませんか？

肌には適度な水分と油分の両方が必要です。どんな肌質の人でも過度な洗顔を続けると、皮膚を正常に保つのに必要な油分まで洗い流してしまいます。すると、肌を乾燥から守ろうとして逆に皮脂が過剰に分泌し、テカったり、毛穴が開いたりしがちに。また、年齢を重ねると肌の水分量が低下してしまう傾向があるため、若い頃と同じような洗顔を続けていると、乾燥を招いてしまうことも。

洗顔後に肌が乾燥したり、つっぱるような感触があるなら、洗顔方法を改めましょうというサインかもしれません。

洗顔の基本は、肌に負担をかけず、いらないものだけを取り去ること。肌のタイプや使うクレンジング剤の種類にもよりますが、ダブル洗顔は必ずしも必要ではありません。クレンジング剤でメイクを落としてみて、ぬるつきがあるときのみ洗顔料を使うようにしてください。

なお、朝の洗顔は基本ぬるま湯だけでOK。オイリーに感じるときだけ、部分的に洗顔料を使って洗顔を。〝今日の肌状態〟に合わせてケアを変えましょう。

うるおいをキープする洗顔のコツ

①肌タイプやメイクの濃さに合わせてクレンジング剤を選びましょう 量はたっぷり使って 肌をこすらないように

バームタイプ

毛穴の黒ずみを すっきり除去！

２種の炭が毛穴に詰まった汚れや余分な皮脂をしっかり吸着。ざらつきもなくなります。

［プレミアアンチエイジング］デュオ ザ クレンジングバーム ブラックリペア

バームタイプ

乾燥を防いで しっとりもっちり

手の平で温めると、とろみのある質感に。うるおいを残しつつ汚れをきれいに落とせます。

［ハーバー研究所］HABA スクワクレンジングバーム

ジェルタイプ

メイク落としと 同時にマッサージ

じんわり温かくなる温感タイプ。かたくなった肌をやわらげ、もちっとした肌に洗い上がります。

［マナラ化粧品］ホットクレンジングゲルマッサージプラス

オイルタイプ

洗浄力がありつつ 潤いはキープ

植物エキス配合で、みずみずしい感触。香りもよく、美容液のような感覚で洗顔できます。

［アクロ］THREE バランシング クレンジング オイル N

クリームタイプ

つっぱらず 滑らかな洗い上がり

保湿膜を均一に残す処方でなめらかな肌質に。水でさっと洗い流せるのも魅力です。

［ポーラ］B.A クレンジングクリーム N

ミルクタイプ

肌への刺激が少なく 心地いい使用感

ほどよくもったりとしたなめらかな質感が摩擦を防ぎ、やさしくメイクを落とせます。

［ほぼ日］シンクー ナイトナイト クレンジング

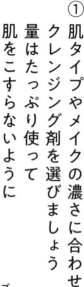

② 洗顔料を使用するときは肌にやさしいものを

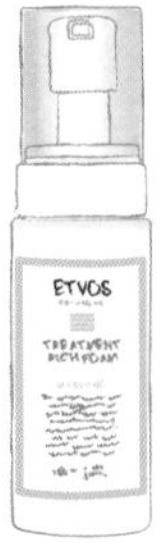

うるおいを逃さない保湿洗顔

リッチでふわっとした繊細な泡で、汚れを落とすことと、うるおいを守ることを両立。

[エトヴォス] トリートメントリッチ フォーム

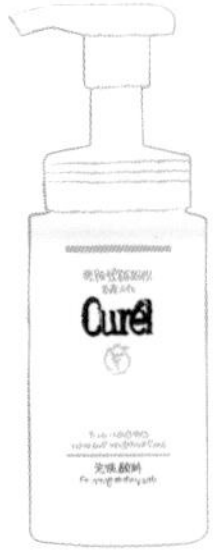

泡洗顔で肌への負担を軽減

肌の必須成分のセラミドを守りつつ、汗や汚れはしっかり洗える頼もしさ。肌荒れを防げます。

[花王] キュレル 潤浸保湿 泡洗顔料

③ クレンジングも洗顔も頬をいちばん最後に

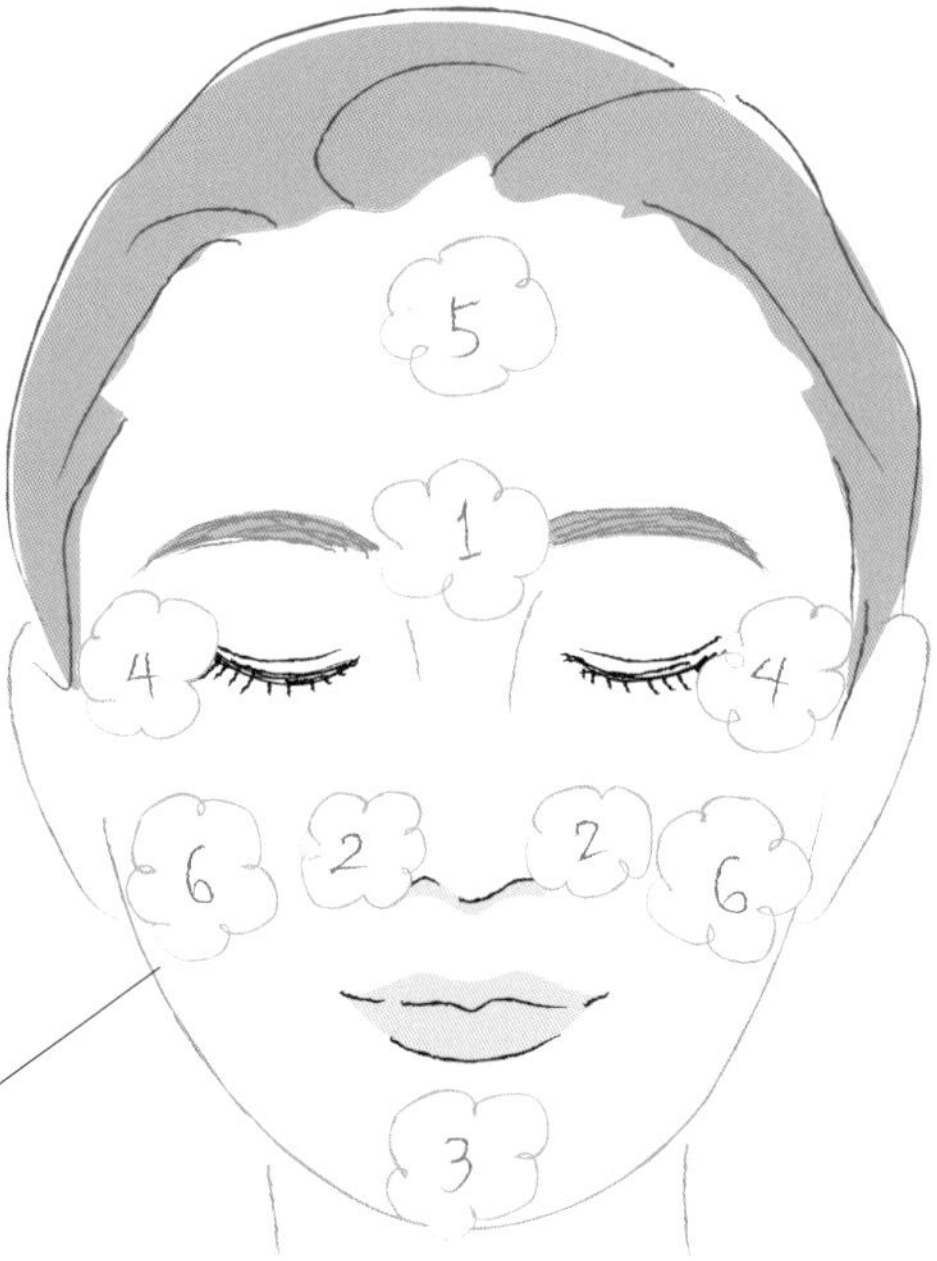

洗顔料を使う場合はよく泡立てて。泡が汚れを吸着するので、泡になっていないとキレイに落とせません。

CMのイメージからか、頬から洗う方が多いようですが、頬は顔の中でも皮脂が少ないところ。ここをいちばんに洗ってしまうと乾燥や赤みの原因に。皮脂分泌の多いところから、①眉間→②鼻まわり→③あご→④目元→⑤額→⑥頬の順番に洗いましょう。

question

最近、化粧ノリが悪く毛穴のつまりや肌のざらつきが気になります。

answer

肌の表面に古い角質がたまっている可能性が。〝お風呂クレンジング〟で肌のリセットを。

クレンジングや洗顔で落としきれなかった不要な角質や汚れをほうっておくと、どうしても毛穴がつまったり、角質が厚くなったりして、肌がごわついてしまいます。そうなる前にぜひ、〝お風呂クレンジング〟を試してみてください。

やり方は簡単。入浴中にクレンジング剤を顔にたっぷりとなじませたら、湯船で濡らしたタオルを絞って顔にのせ、10～20秒ほどおいてから、そのタオルで拭き取り、洗い流すだけ。湯船の蒸気で毛穴が開き、汚れや古い角質を、肌に負担をかけずにしっかりオフできますよ。

特に気になるところにクレンジング剤をたっぷり塗って。
蒸しタオルは、お湯に浸したタオルを絞った、簡易的なものでOK！
+ Point
湯船に浸かることで血流がよくなり、代謝もアップ！

question

冬でもないのに
肌が乾燥するように。
ハリもなく
小ジワもふえたような。

answer

ホルモンバランスの変化で肌も変わってきます。保湿はもちろん、内側からのケアも大切です。

更年期に入り、女性ホルモン（エストロゲン）が減少していくと、肌のハリや弾力を保つコラーゲンなども減少し、皮脂量も減るため皮膚の水分保持機能も低下することがわかっています。これまでとは違う肌の変化を感じたら、エストロゲンと似た効果が期待できるエクオールや、肌を支える土台である骨を健康に保つために欠かせないビタミンDなどをサプリで取り入れて、体の内側からもサポートしてあげましょう。

また、外側からの肌ケアとしてはこれまで以上に保湿に重点をおくようにしましょう。化粧水をつけたあとの肌触りがサラサラしているようなら、まだ水分が足りていないかもしれません。手に肌が吸いつくようになるまで重ねづけするか、化粧水をしっとりするタイプのものに変えてみましょう。さらに、乳液やクリームを適量重ねて水分の蒸発を防ぐのを忘れずに。乳液やクリームはベタつくからと化粧水だけでお手入れをすませる方がいますが、うるおいのある肌には適度な油分も必要ですよ。

本来の肌力を呼び起こすスキンケア術

①化粧水でたっぷり水分補給しましょう

**乾いた肌に浸透する
こくとろローション**

驚異の再生力をもつヒトデ成分を配合。浸透が悪くなった乾いた肌をしっかりうるおしてくれます。

[ジモス] シンピュルテローションヴィザージュAG コンセントレイトa

**これ1本で
キメからふっくら**

真珠由来の美容成分を配合。とろみのある濃密な化粧水が肌の奥まで浸透し乾燥を防ぎます。

[ミキモト コスメティックス] ムーンパール モイスチャーリッチローション

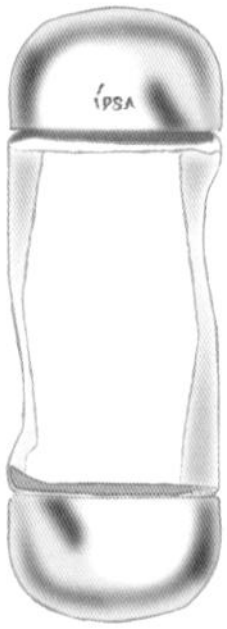

**みずみずしい
感触が持続**

うるおい成分を含んだ水の層が肌表面にとどまり、常にぷるっとした肌質に導いてくれます。

[イプサ] ザ・タイムRアクア

②肌の修復は美容液にお任せ

美肌に必要な成分を1本に

油層と水層を1本に詰めたオールインワン美容液。肌のバリア機能や保湿作用を引き出します。

[セン] ウォーター オイル バランサー

角質層を整える角質美容液

肌の角質層に直接アプローチするので、使うほどに内側が整い、肌がやわらかくなる印象。

[エヌ・エル・オー] タカミスキンピール（角質美容水）

③乳液やクリームで潤いと栄養分にフタを

乾燥による小ジワを予防

くすみやハリケア力も考慮した保湿クリーム。ぷるんとした質感で肌のもっちり感が持続。

［エフティーシー］FTC FF プレステージケア クリーム

ハリとうるおいをキープ

ハリを引き出すミルク状の美容液。ベタつかず、とろけるように伸びるので乳液代わりにも。

［三省製薬］デルメッド プレミアムエッセンス

④他人に触れるときのようなやさしさで、自分自身にお手当てを

ここでキープ！
私の肌よ、
もちあがれ～。
パンパンと叩くのはNG！顔を包み込むようにやさしく触って。手の温かさで心もほぐれ、肌もやわらかくなります。

化粧水や乳液、クリームをつけるときは、リフトアップするように顔の内側から外、下から上へ向かって両手の平全体で顔を包みながらなじませましょう。仕上げに首やデコルテを。デコルテまでが顔だと思って、お手入れしてくださいね。

skin care 4

スキンケアに関するお悩み

question

日焼け止めを塗ると肌がカサカサに。使用感が苦手で、つい避けてしまいます。

answer

スキンケアのひとつとして取り入れられる、美容成分入りの日焼け止めを使ってみて。

紫外線はシミやシワのもと。たとえ家の中にいても、窓から紫外線は入ってくるので、夏だけでなく日中は室内外問わず日焼け止めを塗っておくのがおすすめです。そこで重宝するのが、スキンケアの仕上げとして使えるエッセンスタイプの日焼け止め。UVケアに保湿成分などの美容効果がプラスされたもので、肌にやさしいつけ心地が特徴。顔はもちろん、首までしっかり塗って紫外線をガードして。外出時、塗り直すときは、メイクの上からかけられるスプレータイプのものなら化粧崩れしにくく便利です。

おすすめはコレ!

毎日たっぷり使える
お手ごろ価格が魅力

驚くほどみずみずしいつけ心地。うるおい成分が配合されていて乾燥から肌を守ってくれます。

［ロート製薬］スキンアクア スーパーモイスチャーエッセンス

おすすめはコレ!

きしみやかさつきなどの
肌負担を軽減

オーガニック保湿成分が配合されていて、やさしいつけ心地。石けんでオフできるのも◎。

［カントリー&ストリーム］UV ウォータリージェル 50 +II

skin care 5

スキンケアに関するお悩み

question

おでこが砂漠の大地。化粧水が浸透してくれません。

answer

おでこや頭皮を触ってあげていますか？愛情をこめて、コリをほぐしてあげて。

化粧水が浸透しないのには、角質肥厚や新陳代謝の衰えなど、いくつか原因があるのですが、おでこの場合は目の疲れやストレスなどによる頭皮の凝りが影響してしまっている場合も。かちこちに乾いた土が水を弾いてしまうように、かたいままの状態の肌に化粧水をつけても浸透してくれません。保湿しながらしっかりおでこをほぐすマッサージをしてあげましょう。おでこはつい忘れがちな部分。ていねいに触ってあげれば必ずやわらかくなります。併せて頭皮もしっかり揉めば、おでこの横ジワも減りますよ。

おすすめはコレ！

とろみのある化粧水はマッサージにも最適！

肌のすべりがよい高保湿のローション。マッサージしながらつけると、もっちりした肌に。

［ミキモト コスメティックス］ムーンパール モイスチャーリッチローション※ p.50でも紹介しています。

おすすめはコレ！

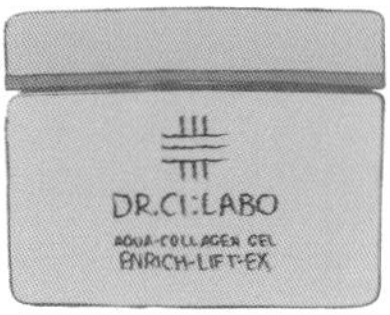

化粧水＋乳液の代わりにオールインワンジェルでも

洗顔後これ一つでOKな高保湿ゲル。コラーゲンとヒアルロン酸が肌にハリ感を与えます。

［ドクターシーラボ］アクアコラーゲンゲルエンリッチリフトEX

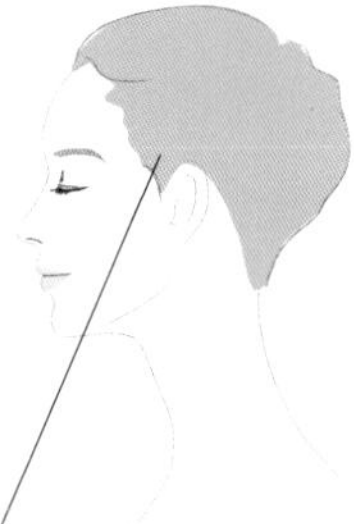

ほぐし方は
p.68を見てね！

キレイの基本は呼吸から。スキンケアしながら深呼吸を。

現代人はストレスや不規則な生活から、知らず知らずのうちに浅くて早い呼吸になっている人が多いそうです。そうでなくても、緊張したり、焦っている状況では、呼吸を忘れてしまうことがしばしば。私が主宰しているメイクレッスンにいらっしゃる方も、細かい作業に集中するあまり息を止めてしまう方が多くいます。そんな場面に遭遇するたびに「呼吸しましょう！」と声をかけるのですが、みなさん焦るほど吸おうとするんです。でも、まずやってほしいのは、しっかりと**息を吐く**こと。「ふ〜〜っ」と、ゆっくりと吐ききることで、深く吸うことができます。これを繰り返すうちに自律神経が整い、気持ちが落ち着いてきます。その変化は著しく、みなさん驚くほど**表情**が明るく、**目**がイキイキしてくるんです。呼吸のおかげで酸素と血液が全身に行き渡り、**肌ツヤ**もアップ。ぜひ、日頃から呼吸を意識して、〝内から輝く肌〟と〝やわらかな笑顔〟を手に入れてくださいね。

丹田呼吸のやり方

吸うことよりも吐くことを意識して。3で吸って7で吐く3対7の呼吸法

丹田はおへそから3㎝ほど下にあるエネルギーの集まるところ。ここを意識して呼吸する方法を、丹田呼吸といいます。

1

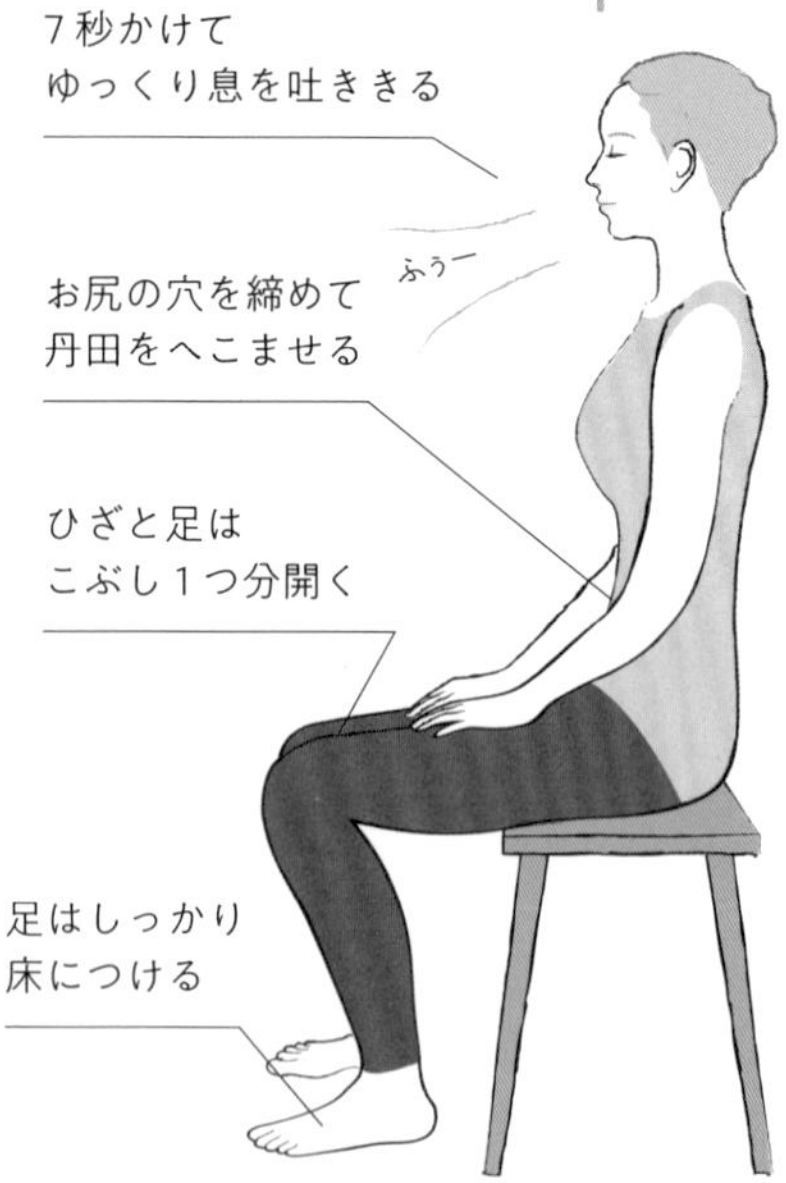
7秒かけて
ゆっくり息を吐ききる
ふぅー
お尻の穴を締めて
丹田をへこませる
ひざと足は
こぶし1つ分開く
足はしっかり
床につける

肩の力を抜き、イスにまっすぐ腰をおろします。お尻の穴をキュッと締めると丹田が固くなるので、この状態で口から息を吐ききり、丹田をへこませます。慣れたら鼻から息を吐きましょう。

2

鼻から3秒
息を吸う
すうっ
お尻の
力を抜くと
丹田がふくらむ

息を吐ききったら、お尻の力をパッとゆるめます。反動でおなかの力が抜け、自然と入ってくる空気を鼻から3秒吸います。その際、丹田が膨らむのを意識してください。

丹田は、体内の〝気が集まる〟ところ。丹田を意識しながら3秒で息を吸い、7秒かけてゆっくり息を吐く〝3対7〟の呼吸法を、休憩を挟みながら、3回、5回、7回と行うと、段階的に心と体が軽くなっていくのを感じられます。このとき目は閉じて、しっかり呼吸に集中しましょう。また、息を吐くときはおしりの穴をきゅっと締め丹田をへこませてください。しだいにじんわり汗ばんできたら上手にできているサイン。血液とエネルギーの循環がよくなり、肌がキレイになるのはもちろん、習慣化すると気持ちの浮き沈みも起こりにくくなり、体は軽く、歩くのもラクになりますよ。

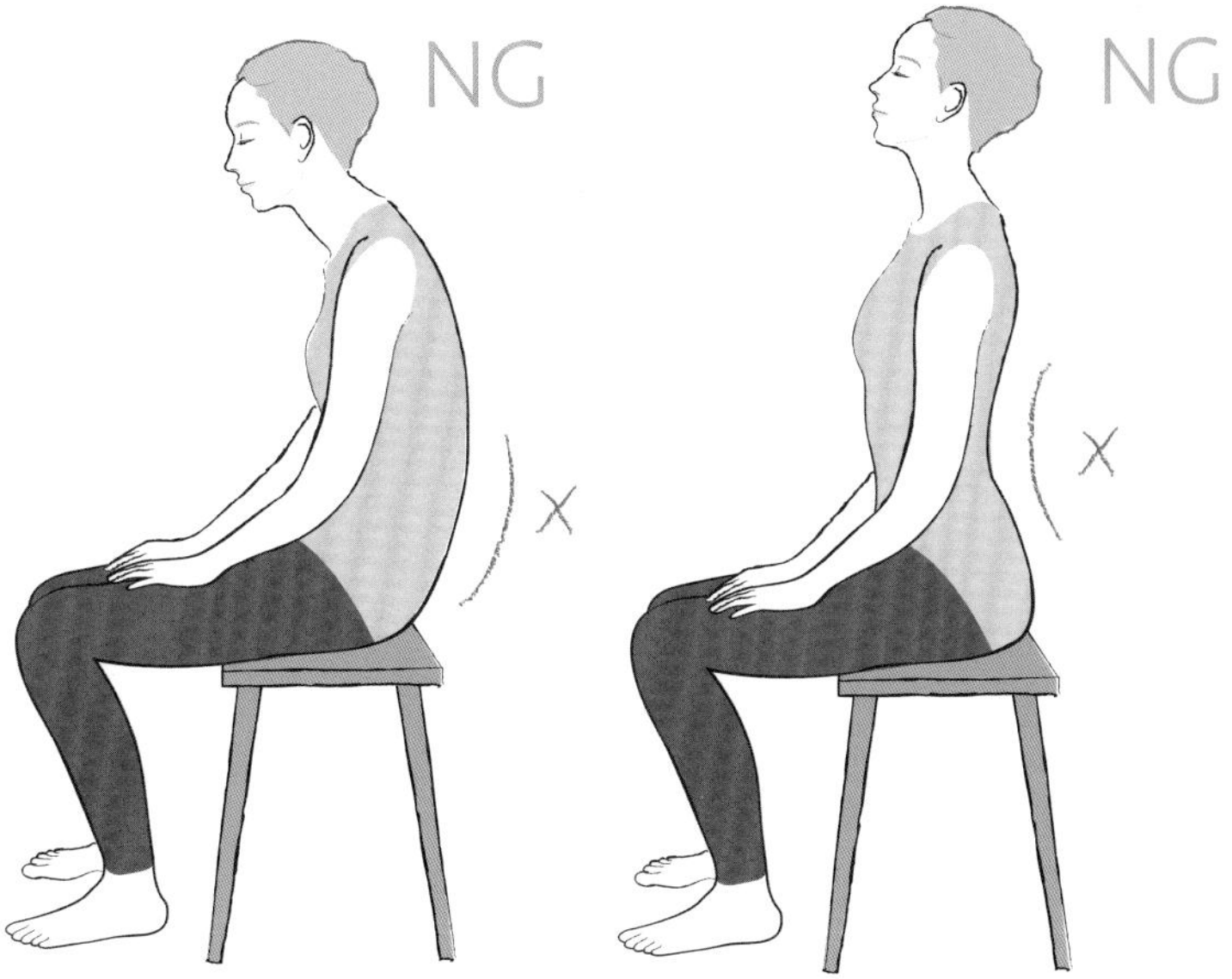

緊張して肩が上がったり、前かがみになるのはNG。反り腰にも注意しましょう。両ひざと足は閉じないように。お尻の穴をしめると、自然と姿勢がまっすぐになります。

＊丹田呼吸をしてはいけないタイミング＊
①食事の前後30分　②入浴の前後30分　③激しい運動の前後30分
このタイミングで丹田呼吸を行うと、負荷がかかりすぎて、体調不良やケガにつながる場合があるので、避けましょう。

美容液よりよく効くマッサージを日々の習慣に。

顔が四角くなった、

加齢による変化に加えて、ここ数年のマスク生活で顔の筋肉が衰え、顔が長くなったと感じている方が多くいらっしゃいます。今はエイジングケア美容液もたくさん発売されていますが、ただ塗るだけではなかなか改善できません。こんなとき、美容液より効くのが心をこめたマッサージ。私自身、額に横ジワがあったのですが、おでこと頭皮をしっかりマッサージをするようになってなくなりました。

忙しいと自分に関心をもてなくなってしまう方が多く、**コリやむくみ**などを放置しがちです。でも、人がいちばん悲しく感じるのは、無視されることなのだそう。自分を無視すると元気が出ません。誰よりもまず、自分が自分の味方になってあげる。マッサージはその手立てです。加齢のサインを目にするとつい現実から目をそらしたくなりますが、自分の手のぬくもりで自分をいたわり癒やしてあげましょう。大切な人にするようにやさしく**手を当て、**コリやむくみの気になる部分を**もみほぐす**と、肌はぐんと明るくなり、ぎこちなかった笑顔が満点の笑顔に変わります。

すっぴん力の上がるマッサージ

スキンケアをしながら毎朝３分！
気になる部分だけでもOKです
やるとやらないとでは肌ツヤや血色、表情のイキイキ度がまったく違います。
①鏡を見ながら、集中して行う
②肌をこすらないこと
③圧をかけるときは必ず息を吐きながら行う
④押しほぐすときは「痛気持ちいい」を基準にする
ふぅー

マッサージって面倒。そう感じる方が多くいらっしゃるようですが、メイク前にやるとやらないとでは大違い！　時間はそんなに必要ないので、ぜひ習慣化してほしい大切な要素です。毎朝たった3分。乳液や化粧水を肌になじませながら、気になるところに手を当ててほぐしてあげるだけで、むくみが取れて顔つきがすっきりします。ただし、鏡の前で顔を見ながら集中して行ってください。肌はこすらず、コリの奥をしっかりとらえて〝痛気持ちいい〟と感じる力加減で、押しほぐします。また、圧をかけるときは、呼吸を意識するのを忘れずに。息を吐くと筋肉がゆるんでほぐれやすくなります。

マッサージのはじめとおわりに

リンパ節をほぐして老廃物を流れやすくしましょう

1

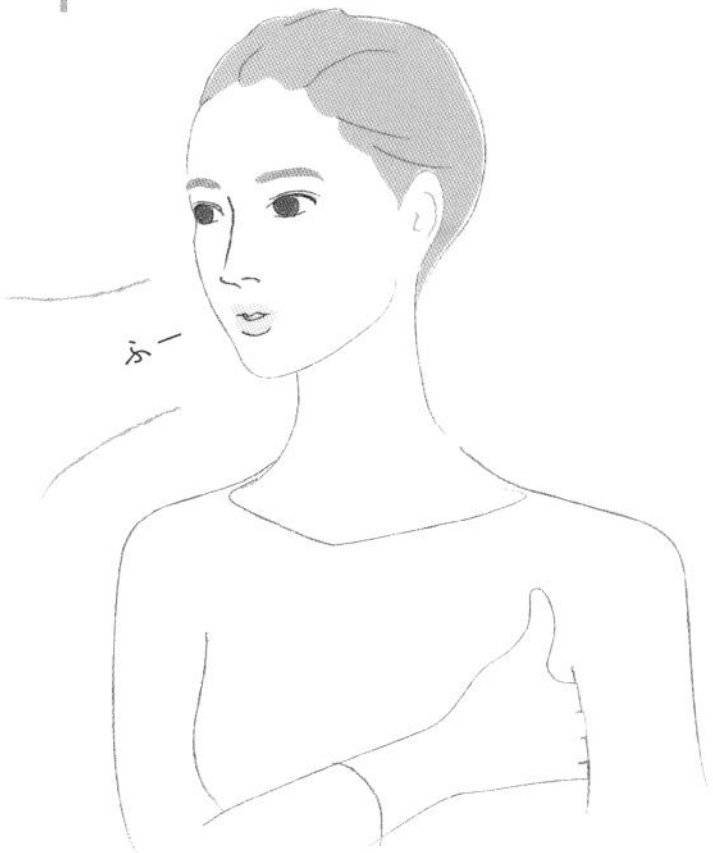

脇の下をもみほぐします。すべて両サイドとも行ってください。

2

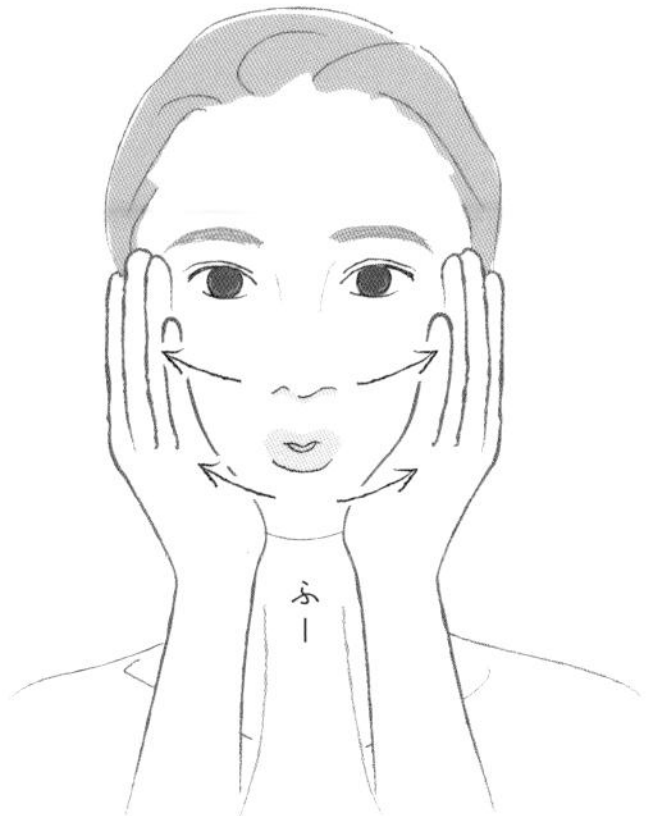

化粧水や乳液を手の平にとり、頬に手をあて、息を吐きながら内から外へやさしくなでて、なじませます。

3

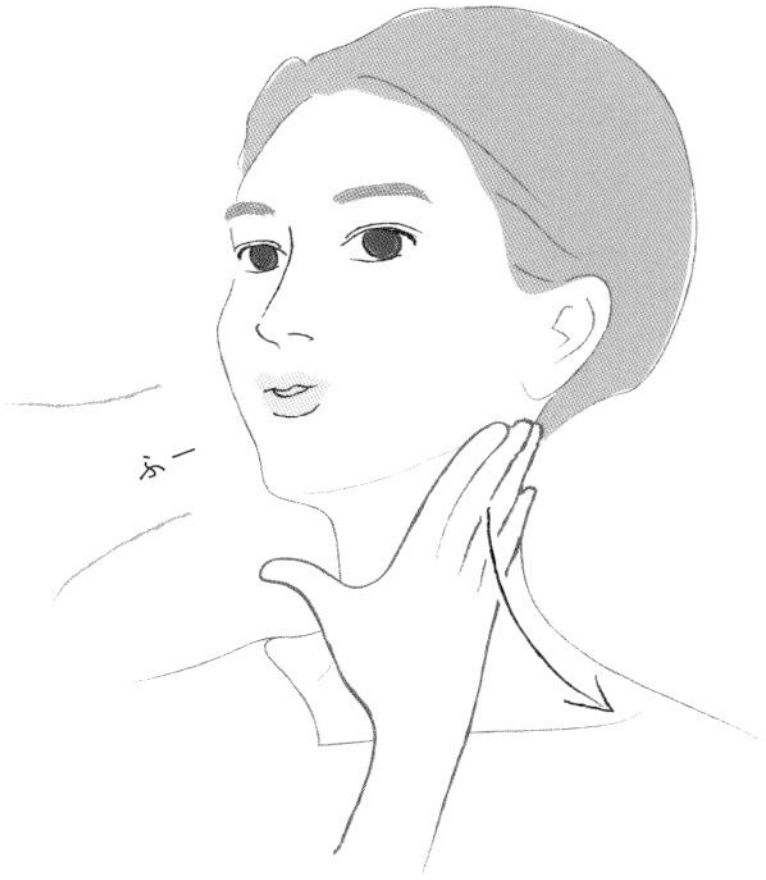

耳の下から首のつけ根までをやさしくなでおろします。

4

鎖骨の上下を人差し指と中指で挟み、内から外へスライドさせます。

私が毎日行っているマッサージをご紹介します。トータルで行うのが理想ですが、時間がないときは一部分だけでもOKです。p.63の「はじめと終わりに」の間に、気になる箇所のマッサージを取り入れてみてください。

マリオネットラインを意識する

口角横から耳たぶの前までをほぐす

1

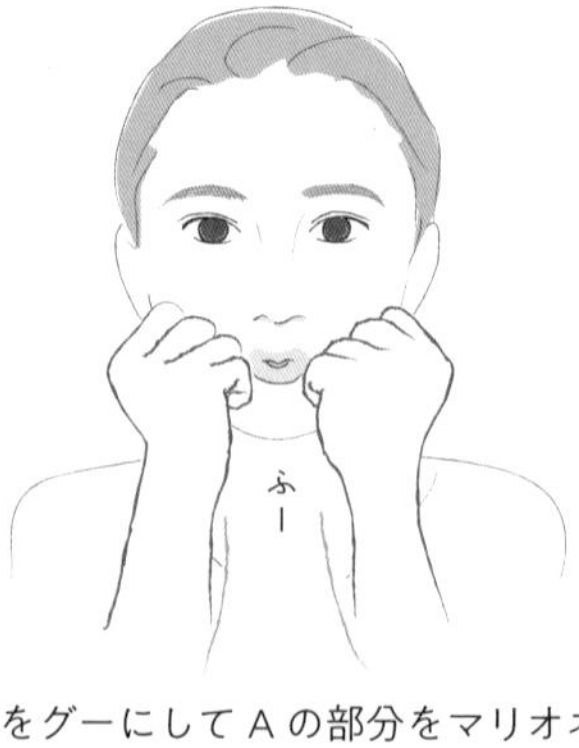

手をグーにしてAの部分をマリオネットラインの上にあてます。腕の力が入りにくい人は、テーブルに肘をついた状態で行うと効果的です。

2

息を吐きながら、耳の横まで両手を斜め上にスライド。このとき頭をやや下げて、頭の重みを両手にかけると自然と圧がかかります。

頬のたるみを意識する

頬骨の下をほぐす

1

手をグーにして頬骨の下のくぼみにBの部分（p.64の1）を当てます。

2

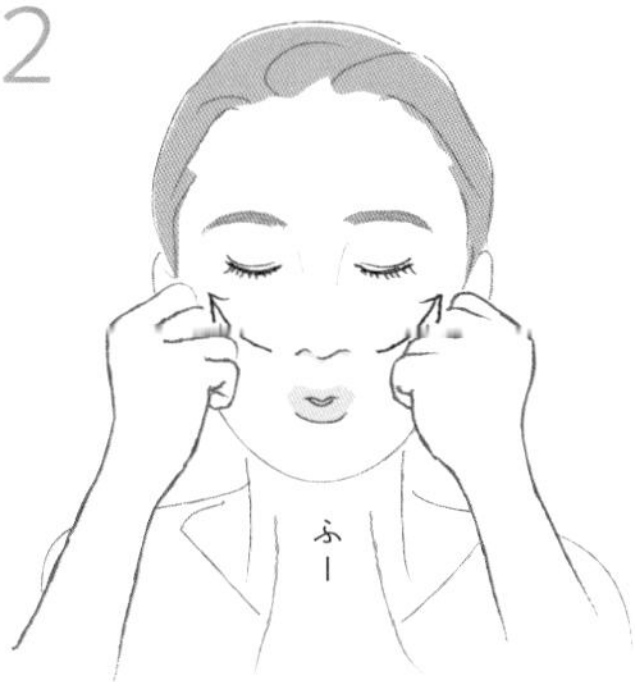

息を吐きながら、手を頬骨の下のラインに沿って耳の前までスライドさせます。このとき頭をやや下げて、頭の重みを両手にかけると自然と圧がかかります。

ほうれい線を意識する

頬をほぐす

1

親指の側面をあごの下にあて、人差し指をほうれい線のラインに沿わせます。

2

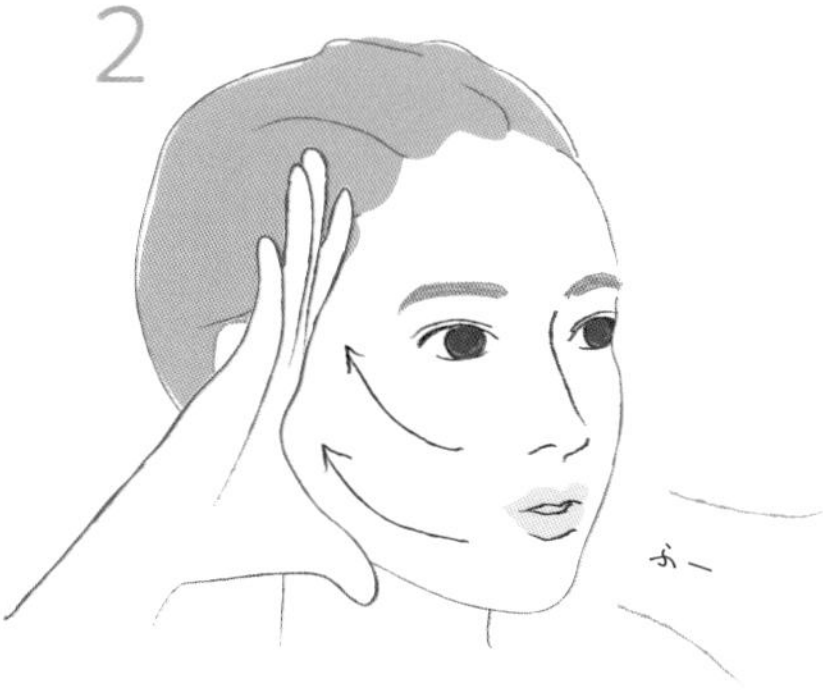

息を吐きながら、顔に当てた手をこめかみまでスライドさせます。これを両サイド行ってください。

口もとのコリを意識する

あごの蝶つがいまわりをほぐす

ここのコリがほぐれると口が開きやすくなりきれいに笑えるように。
ふー

息を吐きながら、上あごと下あごの境目にある蝶つがい部分を、指の腹で押してほぐします。このとき内から外へゆっくりと半円を描くようにしてください。

フェイスラインのたるみやむくみを意識する

あごから耳下までをほぐす

1

ふー

ピースした指を曲げた状態で、人差し指と中指であご先をはさみます。

2

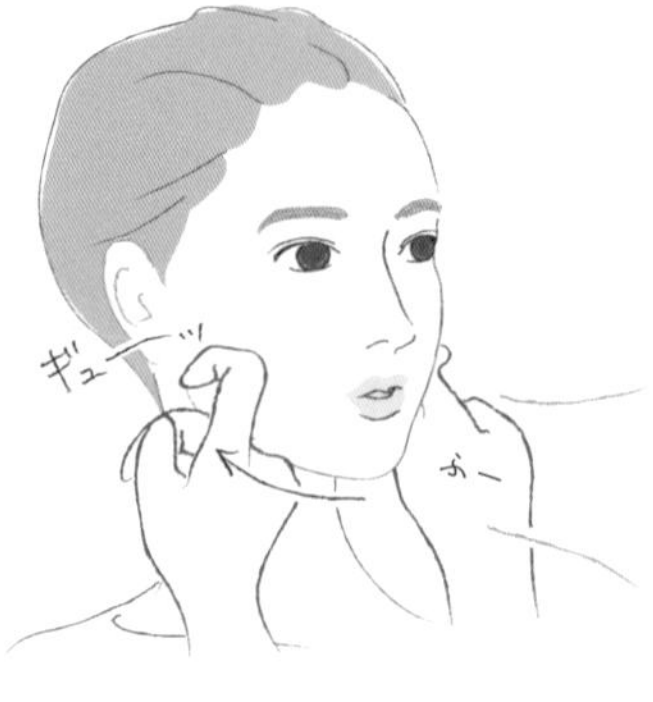
ギューッ
ふー

息を吐きながら、フェイスラインに沿って耳下までゆっくりと指をスライドさせます。二重あごが気になる方は、上下の指でしっかりあごをつかむようにすると効果的です。

目のむくみを意識する

目のまわりの老廃物をやさしく流す

1

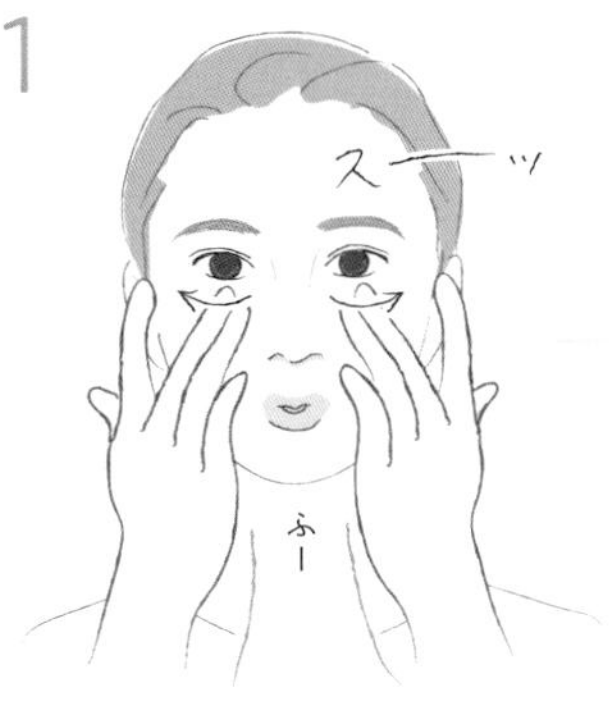

下まぶたを目頭から目尻までやさしくなで、息を吐きながら、こめかみをプッシュします。

2

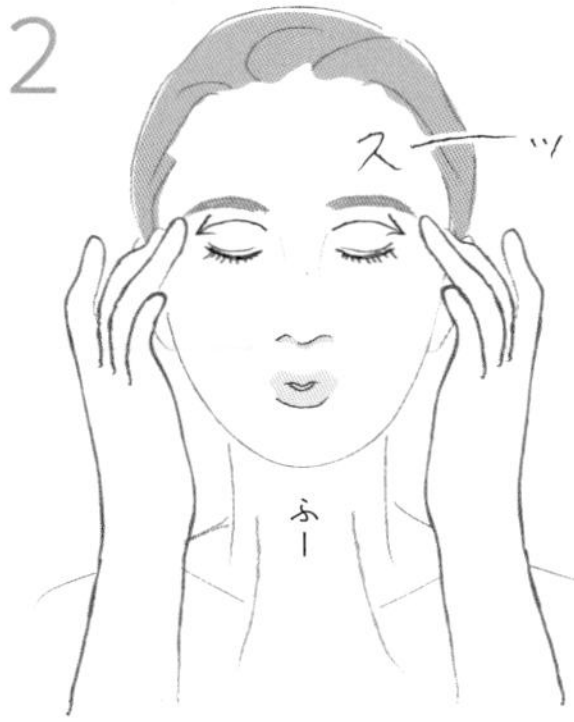

上まぶたも同様に。目頭から目尻までやさしくなで、息を吐きながら、こめかみをプッシュします。

目のコリを意識する

眉のまわりをしっかりほぐす

1

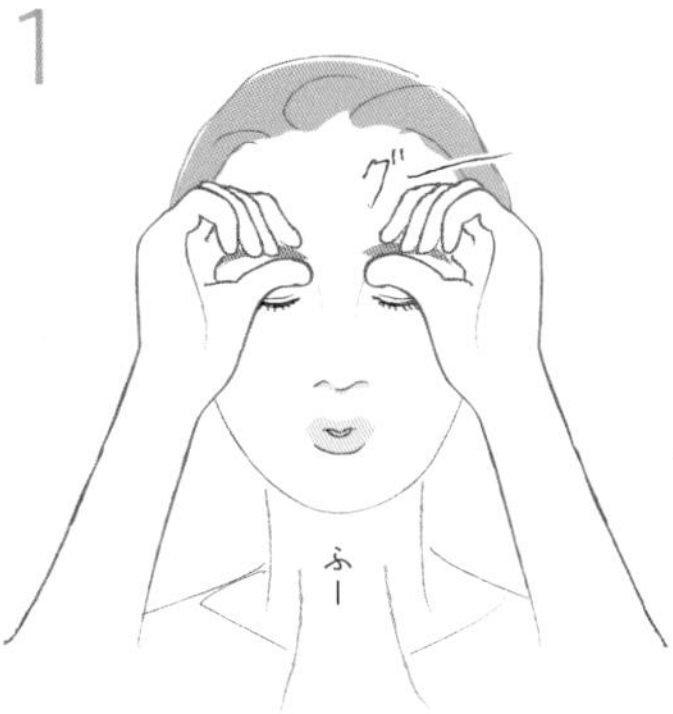

眉頭のくぼみに親指の腹をあてます。息を吐きながら、下から突き上げるようにプッシュして、息を吐きながら圧をかけます。

2

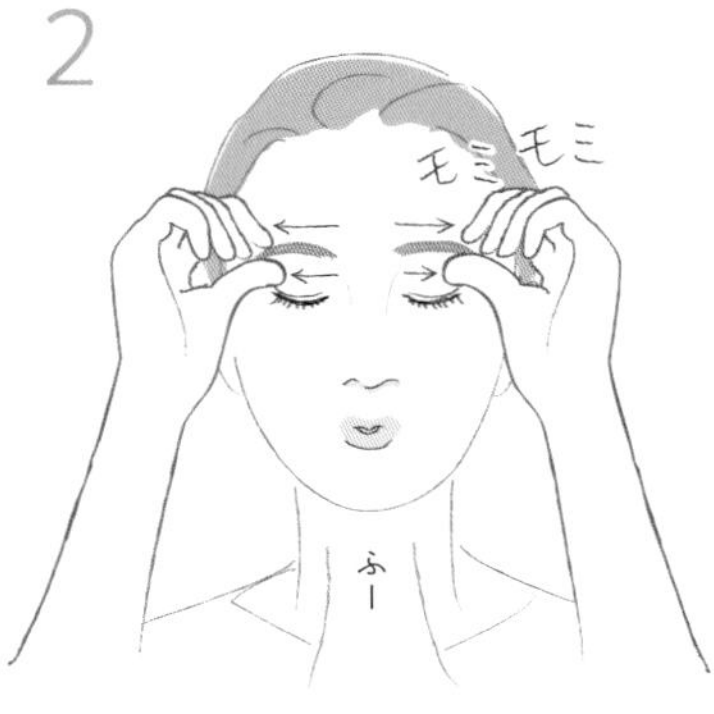

親指と人差し指で眉の上下をつまみ、内から外へ向かってしっかりとほぐします。乳液などで手が滑るときはティッシュを１枚当てた上からつまむとしっかりとほぐせます。

おでこのシワ、目のコリを意識する

おでこと目のつぼをほぐす

1

左手をおでこのカーブに合わせて丸め、息を吐きつつ、眉上から生え際に向かって圧をかけながらおでこを引き上げます。同じ動きを今度は右手で。交互に数回繰り返します。

2

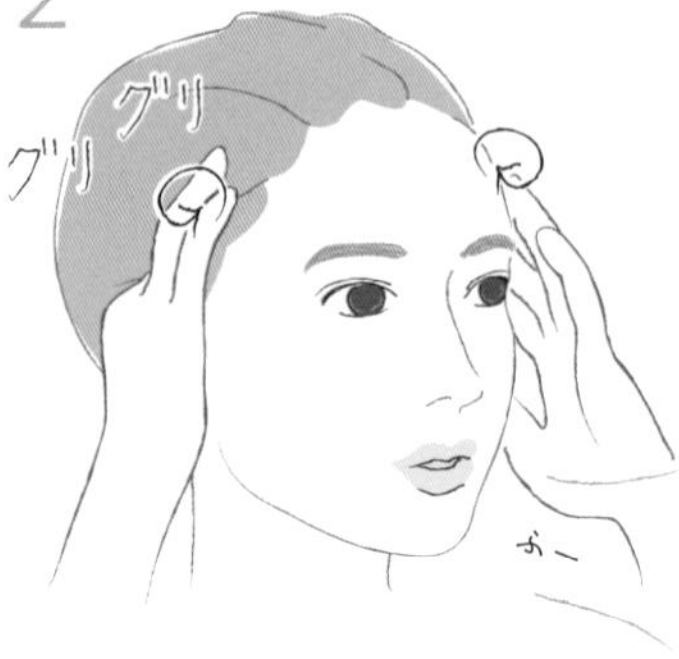

こめかみの生え際が角張っている部分に中指と薬指の腹をあてます。小さな円を描くように圧をかけ、息を吐きながらプッシュします。

頭皮のコリ・むくみを意識する

頭皮をほぐす

1

両手の指の腹で頭皮の奥をとらえるような感覚で耳上をつかみます。息を吐きながら、頭頂部の百会のツボに向かってもみ上げます。

2

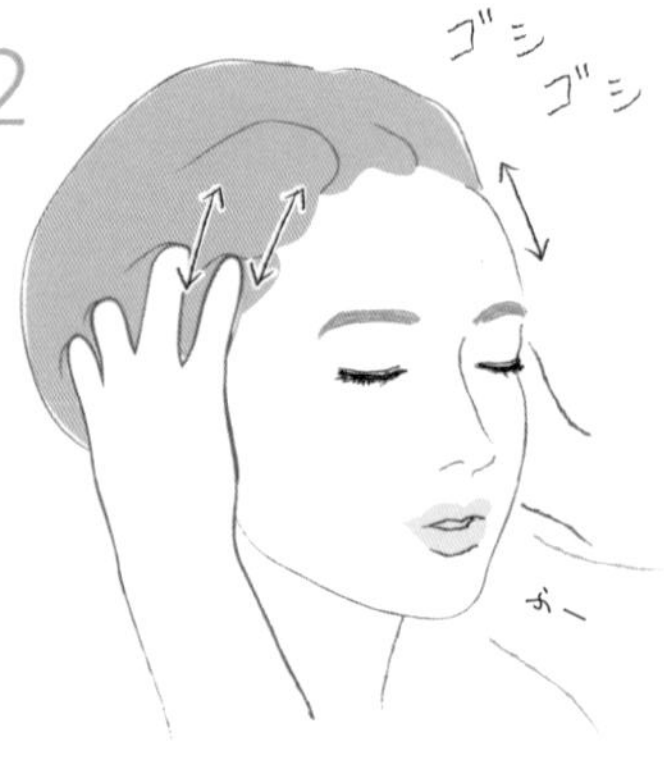

両手の指の腹を耳上に。息を吐きながら、側頭部を上下にゴシゴシと指を動かしながらほぐします。

リフトアップと血行促進を意識する

耳のまわりをほぐす

1

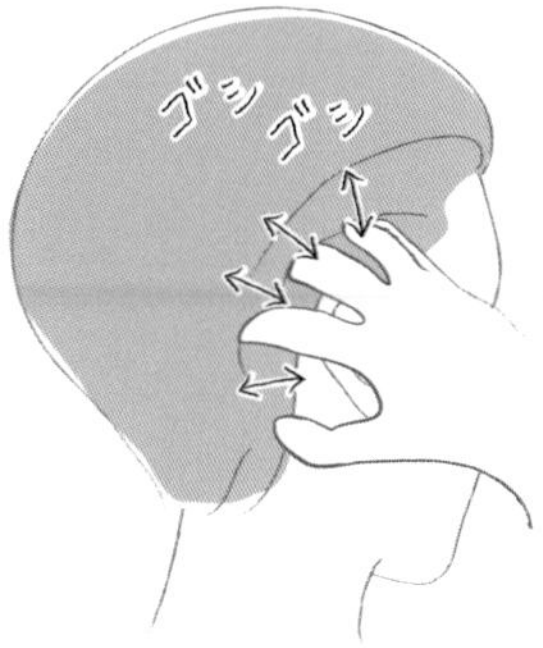

両手を軽く開いて耳のまわりに指をあてます。息を吐きつつ、指の腹で圧をかけながら耳のまわりのCゾーンをゴシゴシともみほぐします。

2

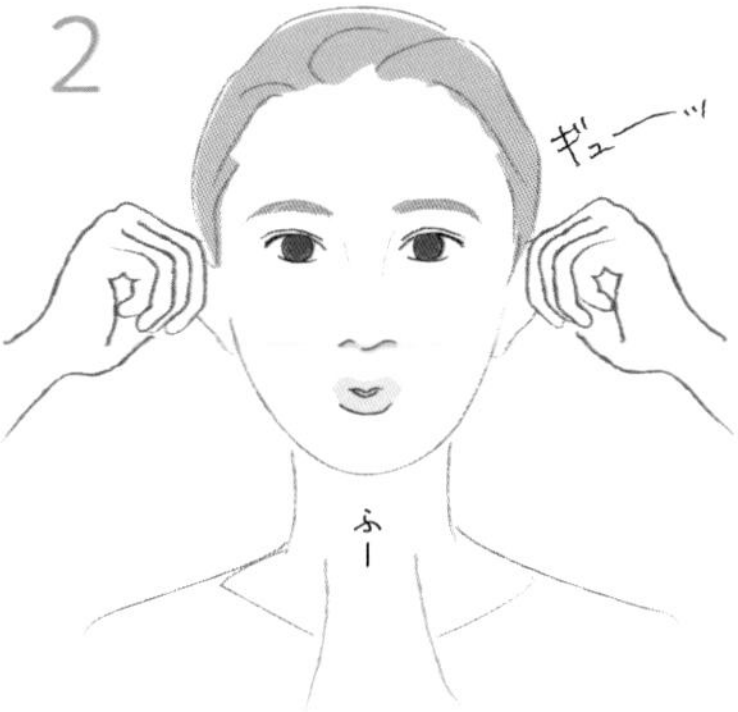

左右の耳の上部をつかみ、息を吐きながら斜め上に引っ張ったり、耳全体を指でもんだり、ぐるぐる回転させたりします。

すっきりとした首を意識する

首のつけ根をほぐす

1

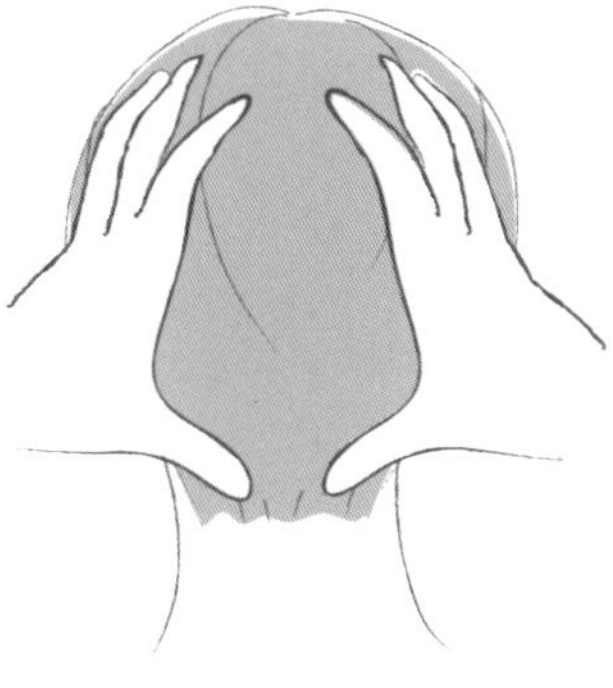

首のつけ根のある「ぼんのくぼ」と呼ばれるくぼみの両脇に親指の腹をあてます。ほかの指は頭に添えておきましょう。

2

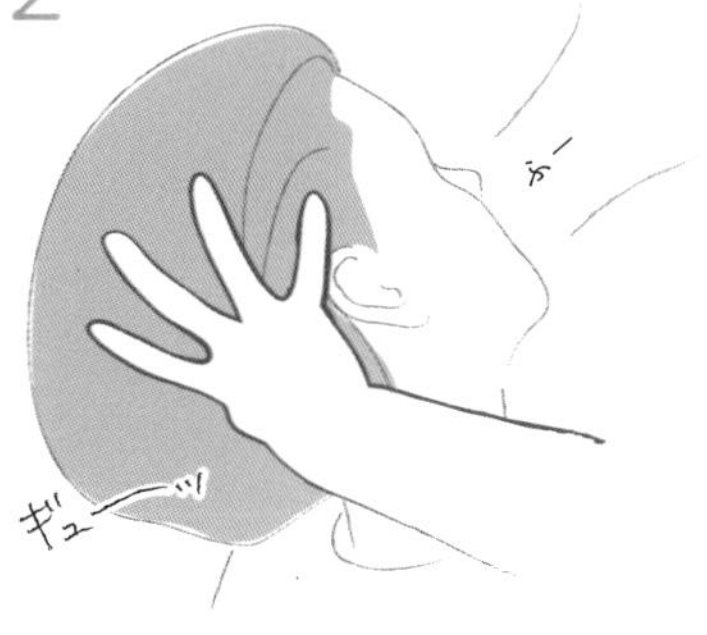

息を吐きながらぐりぐりとプッシュします。このとき頭を少し後ろに倒すと、無理なく、自然と圧がかかります。

なにもせずにキレイはもう卒業！

若さで乗り切れていた30代までとは違い、自分へのメンテナンスが必要になるのが40代。とはいえ、いきなり運動を始めても三日坊主になりかねないので、ハードルを低くしてストレッチから始めてみるのはどうでしょう。ポイントは「気持ちいい」という感覚。これを積み重ねているうちに、体が軽くなり、もっと動きたい！と心が突き動かされるかもしれません。「運動しなきゃ」と無理矢理、気持ちを上げるより、ラクにできることを続ける。継続が達成感につながり、自信がもてるようになりますよ。

＼ 美は１日にしてならず！ ／

スマホやパソコンの使いすぎで
肩が凝ると、筋肉がこわばるだけでなく
顔が前に突き出した姿勢になりがち。
それを解消するのが、
この「壁ドン体操」です！

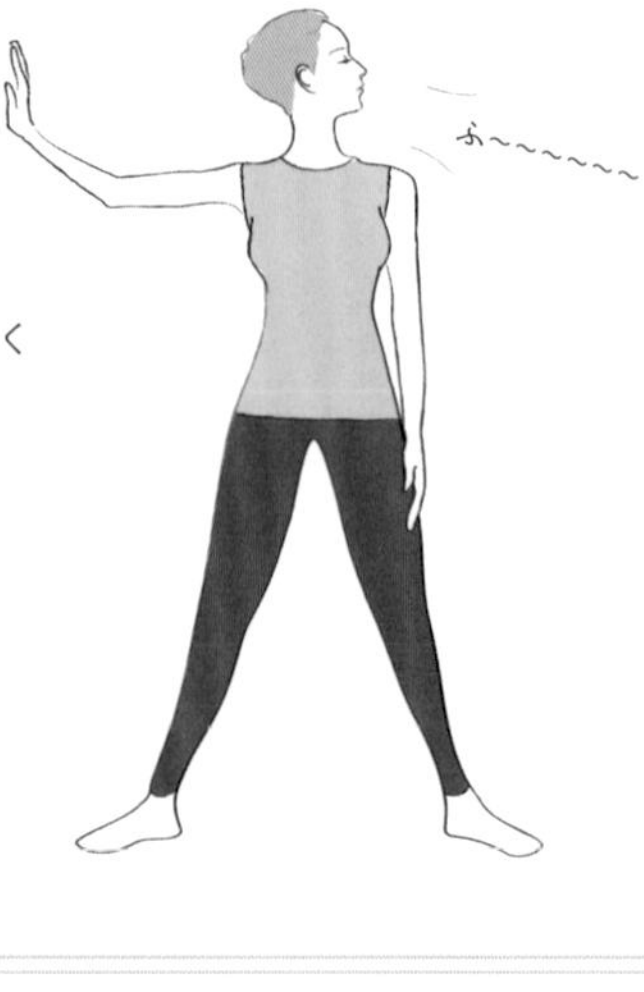

①壁際に立ち、足を肩幅よりやや広めに開く
②壁際の手を肩よりやや高い位置に上げ、
手の平を壁につける
③顔を斜め上に向け、息を吐きながら
壁際の胸を突き出して
壁と反対方向に上半身をひねる
④痛みが出ないところでひねるのを
ストップして、10秒ほどキープ
この間も呼吸は止めないで
⑤反対側も同様に行う

Part.3

メイクをアップデートしよう

メイクといえば、ファンデーションを塗って、眉毛を描くだけ。忙しい時間の中で、何年もそういう状況が続いている方がいらっしゃるかもしれません。あるいは、若い頃に研究したメイクを続けている方も。30代の頃はしっくりきていたメイクに、違和感を感じはじめるのが40代。〝どこか変〟と感じたら、変えるときがきた合図。今の自分のいいところを〝掘り起こすメイク〟に切り替えましょう。この章では、〝魅力発掘〟の手立てとなるテクニックをご紹介します。メイクは自分を活かすもの。今の自分だからこそ似合うメイクが必ずありますよ！

point makeup 1

ポイントメイクに関するお悩み

question

いつもなんとなく眉が変！

answer

女性のキレイは毛並みがモノを言います。目指すべきは、細すぎず薄すぎず、毛流れの整った眉。

眉毛を描き足すと「毎日違う形になってしまう」「どことはわからないけどなんとなく不自然に見える」というような悩みを抱える方が、多くいるようです。

その問題を解消するには、まず〝今の自分に合う眉の形〟を理解するのが近道。というのも、いろいろな眉のトレンドを経験してきた私たち大人世代は、はりきってメイクをしていた若い頃の眉の形が本来の自分の眉だと思い込んでいて、長らくアップデートできていないことが、ままあるからです。

大人世代の女性が目指すべきは「自然で毛流れの整った眉」。なぜなら、女性らしさを感じさせるポイントは、毛並みのよさだから。眉の毛流れが自然に美しく整っていたり、まつげがつややかでくるりと上がっていると、それだけで女性らしさが増して見えます。細すぎる眉、薄すぎる眉は元気がなく、年齢も上に見えてしまうので、眉毛は極力抜かず、カットは最小限に。そして、目のカーブに沿わせた自然な形で、少し太めの眉を意識しましょう（詳しくはp.74～77参照）。

美しく自然に見える眉の描き方

①眉下の始点、眉山、眉尻の3点に小さな印をつける

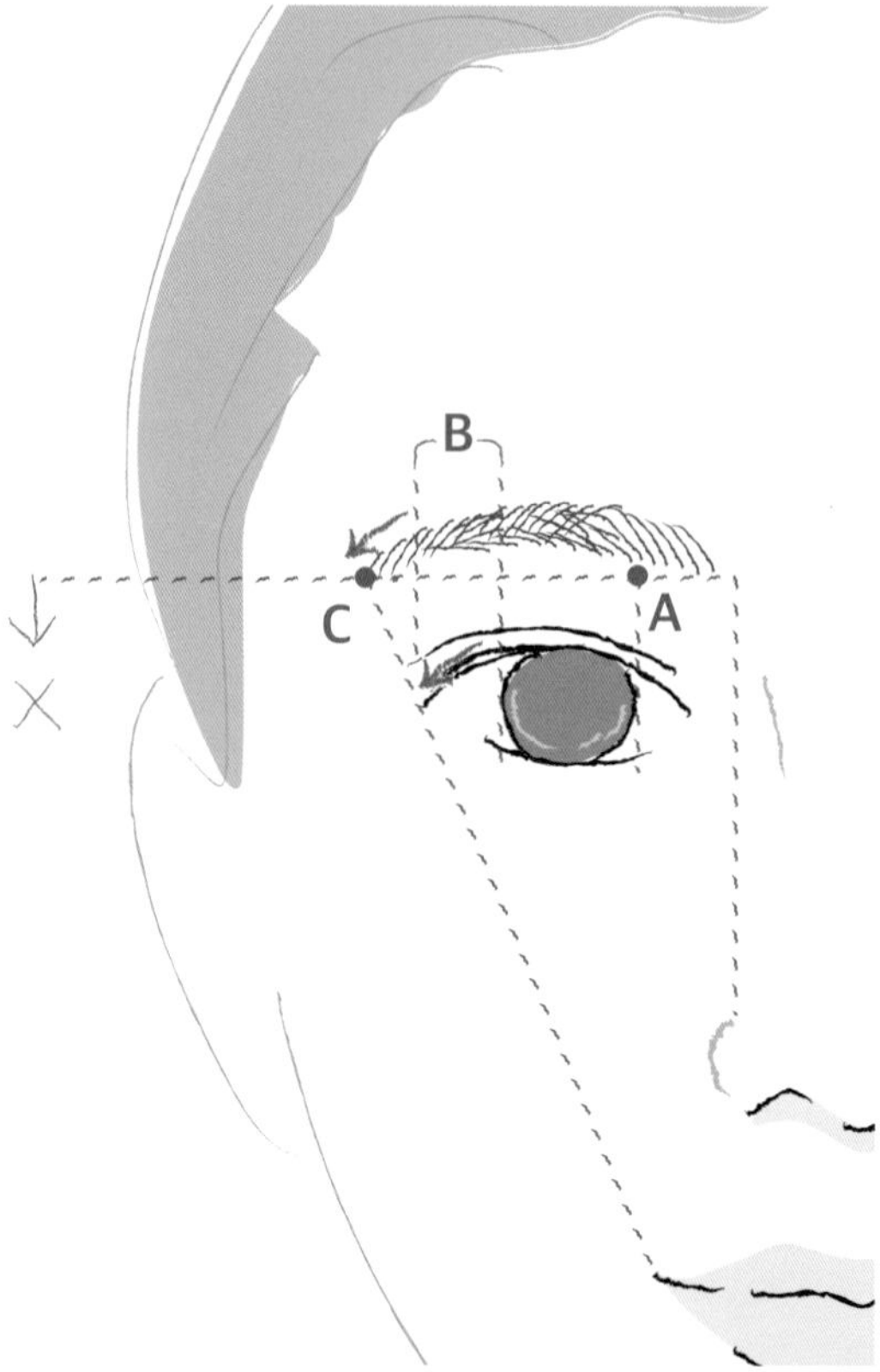

3点の位置について

A　黒目の内側の延長
B　眉山（目尻側の白目の間）
C　口角と目尻を結んだ線の延長線上

眉尻の長さについて

以前は小鼻と目尻を結んだ延長線上に眉尻がくる長め眉が主流でしたが、若々しく元気に見せるには､眉はやや短めがおすすめ。眉尻は口角と目尻を結んだ延長線上に。

眉の太さについて

黒目の1/2の太さにするのが標準。2/3の太さにすると、若く元気な印象に。

眉尻の高さについて

眉頭より眉尻が下がると顔全体がたれて見えてしまうため、眉尻の位置は眉頭と同じ高さか、ほんの少し上に。

眉山から眉尻の角度について

眉山は目尻側の白目の間に設定。そこから眉尻までの角度は、目の角度となんとなく平行になるように。たれ目が気になる人は少し上げてもOK。

ここではアイブロウパウダーとペンシルを使った眉の描き方をお伝えします。
眉メイクを始める前に、必ずスクリューブラシで毛流れを整えておきましょう。
剛毛眉や薄眉・短眉の方は、この【基本の眉メイク】の手順と描き方を参考に、
それぞれの眉に合ったアイテムで、眉メイクを行ってください（p.78 参照）。
あごを少し上げて、目だけで鏡を見下ろしながら描きましょう。

② 下側のラインを描く

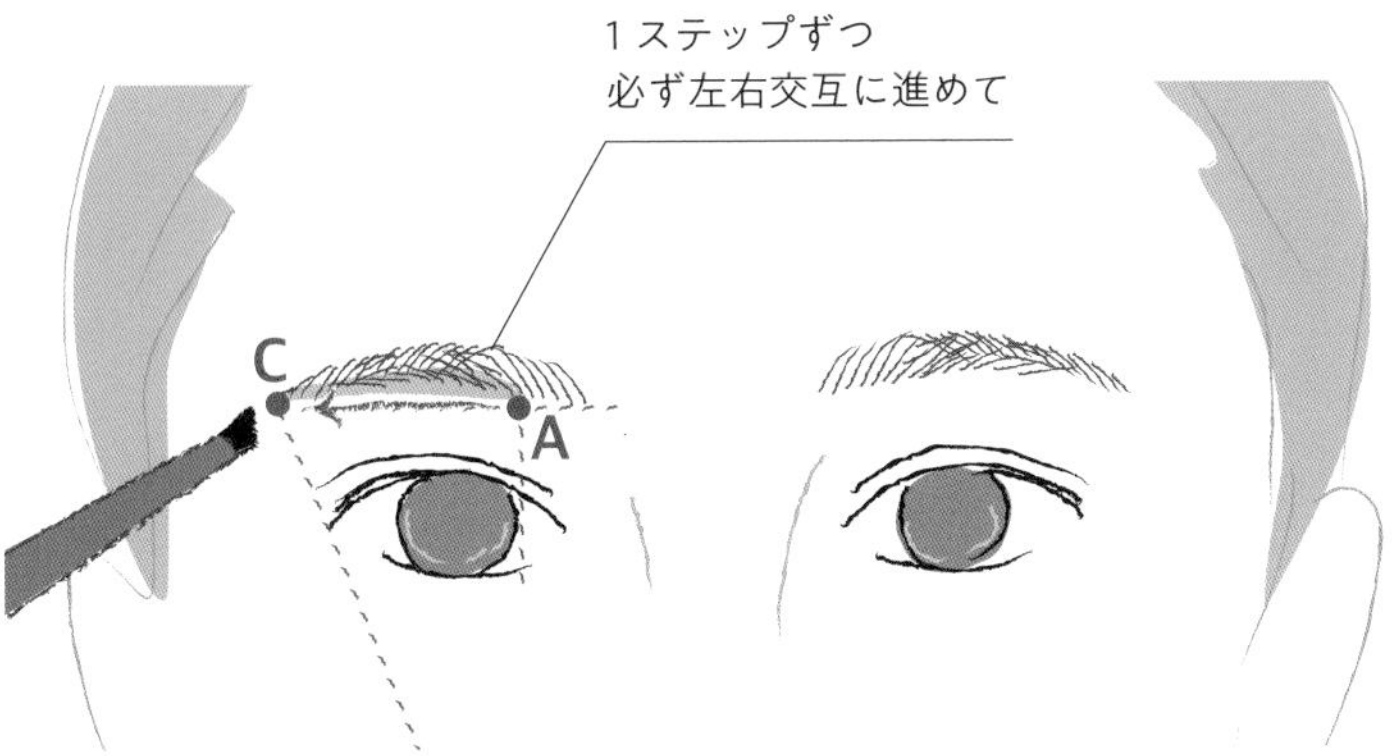
1ステップずつ
必ず左右交互に進めて
C
A

パウダーをつけたブラシをAの位置にあて、Cに向かってトントンと色をおいて線にします。色を取るときも描くときも、力を入れず軽いタッチで（p.76~77 の正しい道具の使い方参照）。

③ 眉山と眉尻をつなぐ

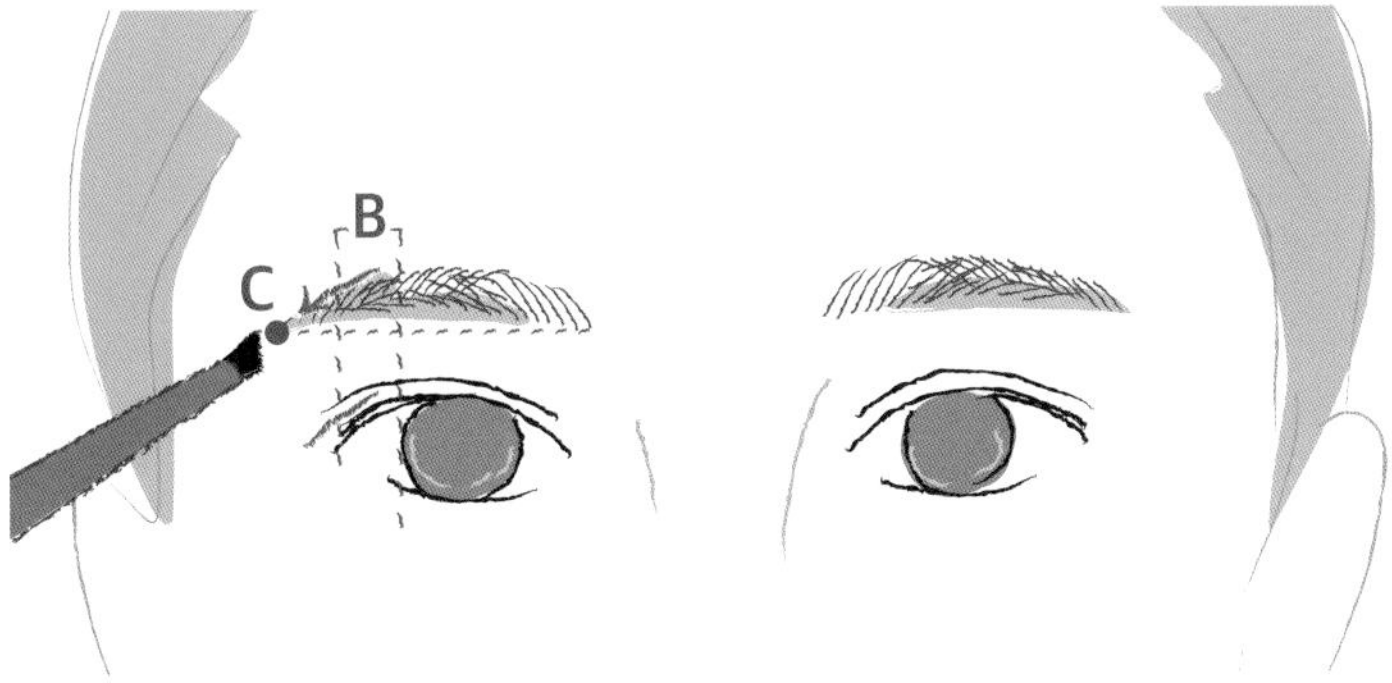
B
C

ブラシにパウダーを軽くつけ、BとCをつなぎます。②の眉下のラインと同様に、一気に線を引くのではなく、トントンと色をおくイメージで。ブラシが肌に対して垂直になるように動かすと細く描けます。

④ 眉中の毛が薄い部分に色を足す

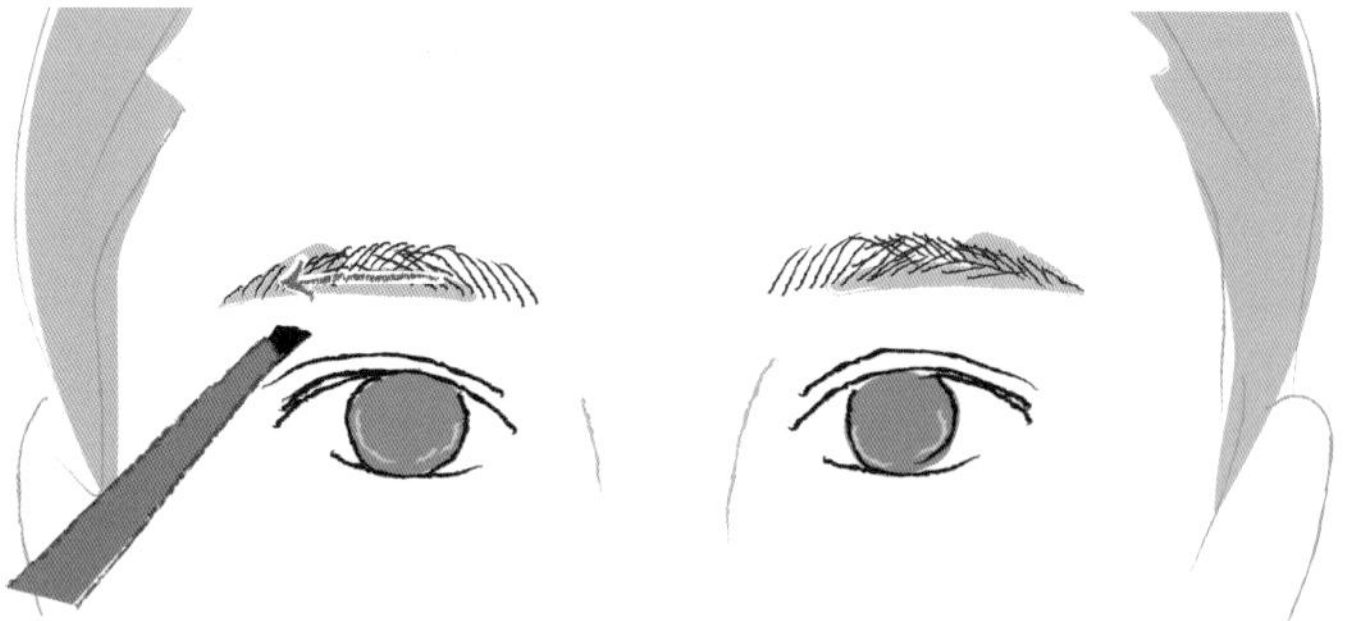

ブラシにパウダーを軽くつけ、②と③で描いたラインの間を埋めるイメージで色をのせます。②で描いたラインと平行に、なでるように軽いタッチでブラシを動かすとやわらかな発色に。なんとなく色がつけばOKです。

⑤ ペンシルで毛並みを描く

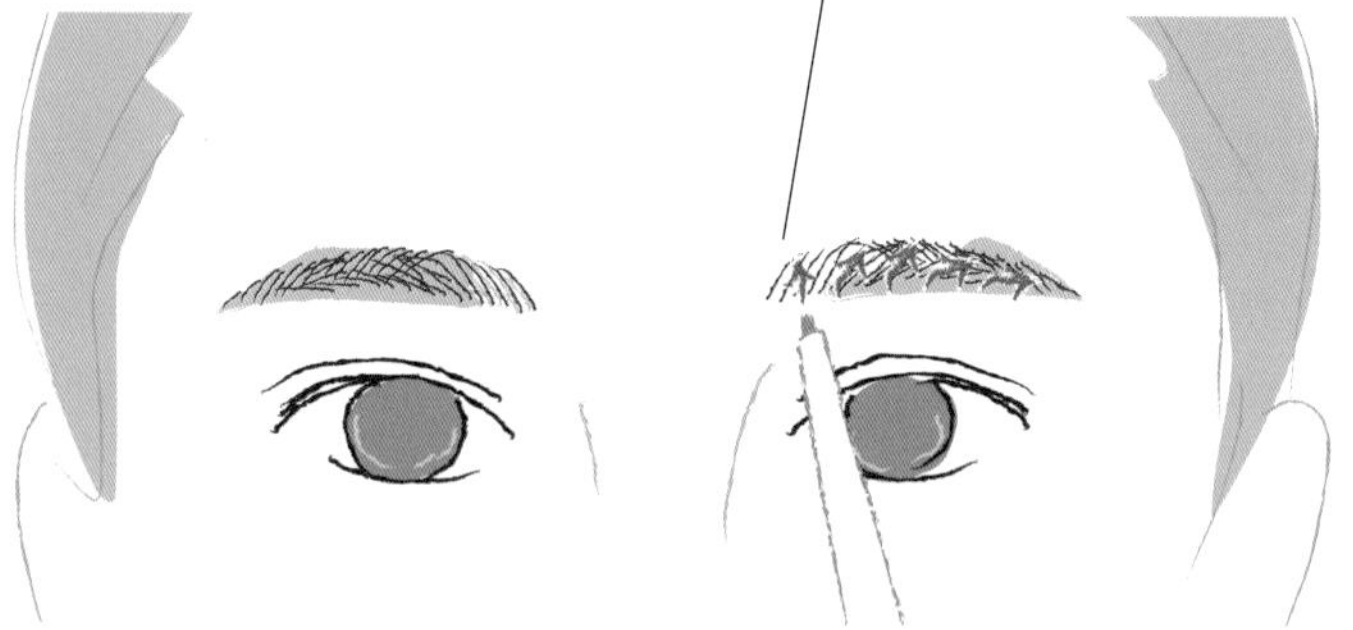
眉頭は薄い人のみ。しっかり毛がある人は書き足さなくてOK

④で埋まらなかったすき間に、アイブロウペンシルを使って、毛流れの方向に沿って1本1本眉毛を書き足します。眉頭が濃くなりすぎると不自然なので、下から上に向かって動かし、軽く描き足す程度に。

パウダーのつけ方

ブラシの毛先に均一に色がつくように、ブラシをパウダーに対して平行にトントンとあてて色を取って。

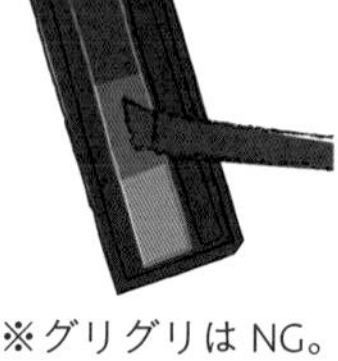

※グリグリはNG。

⑥ 眉頭にベージュ色をのせる

+ Point
離れ目さんは指の腹でうっすらノーズシャドウを入れて！

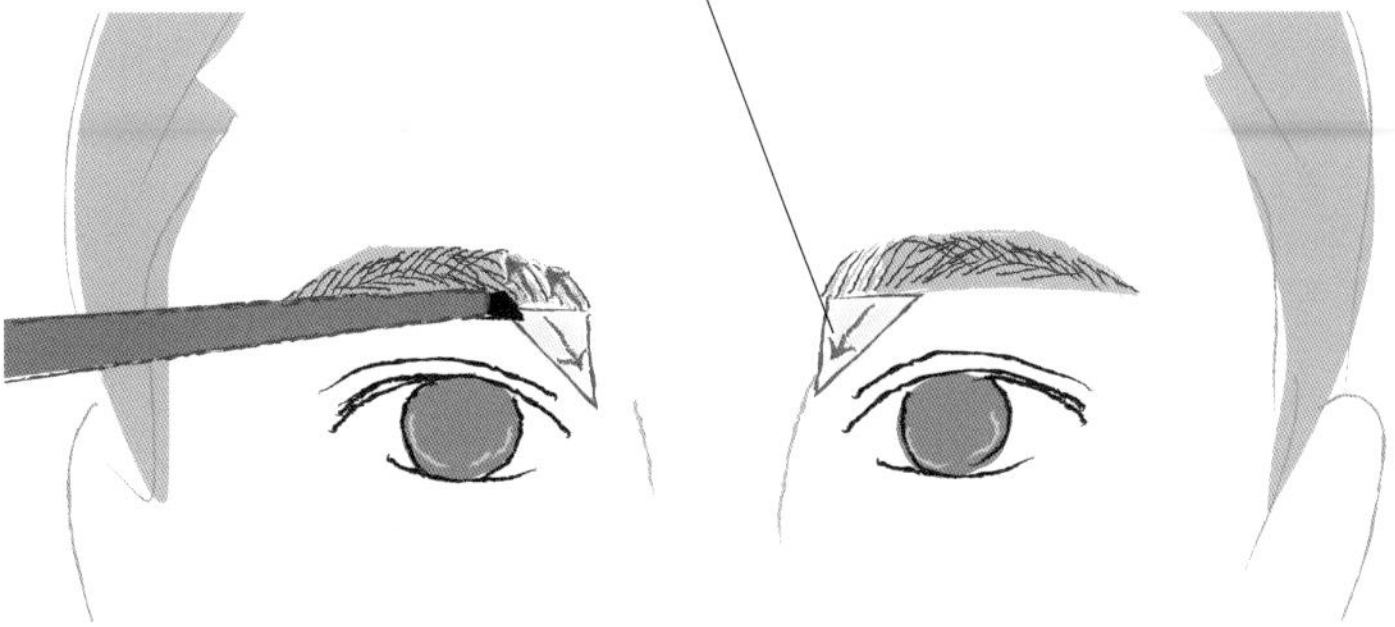

⑤で描いた線をなじませるため、ブラシにパウダーのいちばん明るい色をつけ、下から上へと動かします。「離れ目」気味の人（p.35 の A タイプと C タイプ）のみ、眉頭から鼻筋にかけてのくぼみに眉頭と同じ色を指で入れるとバランスよく仕上がります。

⑦ スクリューブラシで上下の輪郭をなでる

+ Point
毛が下がりやすい人は＋眉マスカラを！

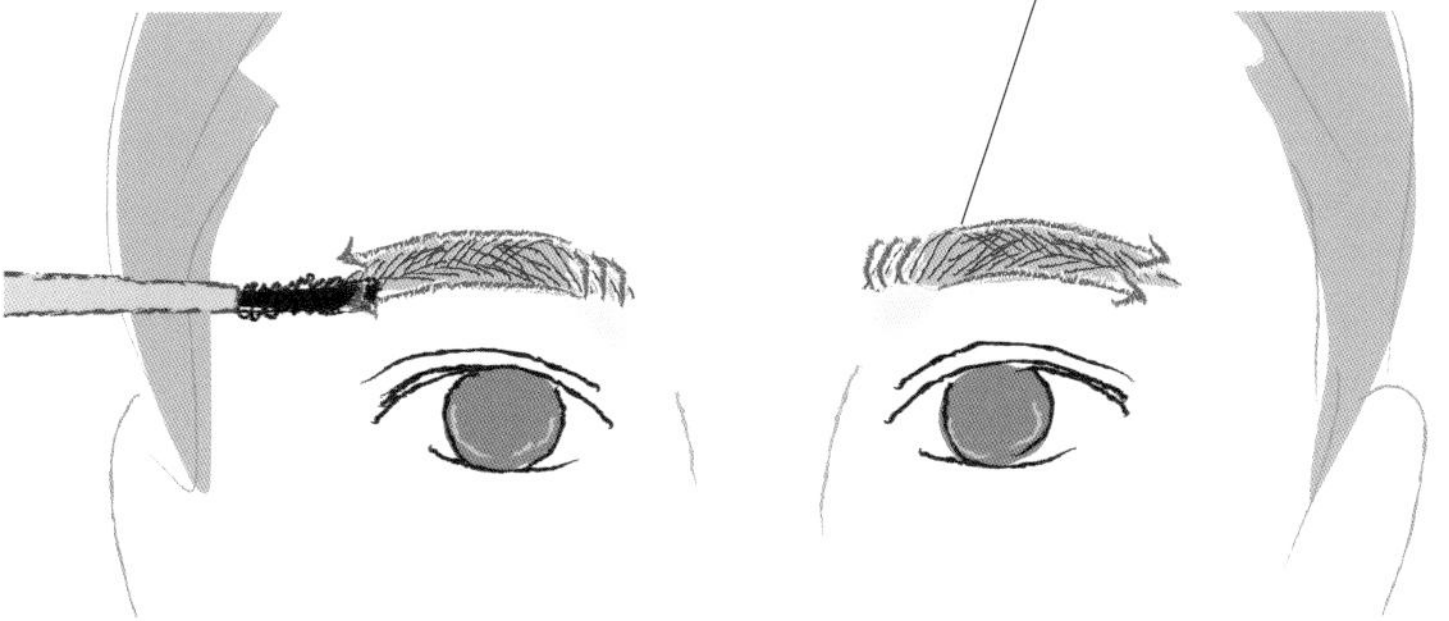

最後に眉全体を内から外に向かって、毛流れに沿ってスクリューブラシで軽くなでます。このひと手間でぐっと自然に美しく仕上がります。眉マスカラをつける場合はこのあとに。眉頭の毛を上向きに立たせると、イキイキとした表情に見えますよ。

ブラシやペンシルの持ち方

メイクで大切なのは､やさしい力で描くこと。ブラシやペンシルは真ん中より後ろ側をふんわり持つと、自然と力が抜けてやさしく描けます。反対に前のほうを持つと、力が入り、色が濃くついてしまうので、ご用心を。

より自然な眉に仕上げるために

自眉のタイプにあったアイテムを使おう

眉毛が濃く
1本1本が太い
剛毛眉さん

使うアイテムはコレ
- スクリューブラシ
- アイブロウペンシル
- 眉マスカラ

眉毛1本1本がしっかりしていて、毛量もあるのでボリューム感を出すパウダーは必要ありません。スクリューブラシで毛の流れを整え、足りないところだけにアイブロウペンシルで色をプラス。仕上げにマスカラで眉色をワントーン明るくすれば、やわらかい印象になります。マスカラは透明か明るい茶色がおすすめ。

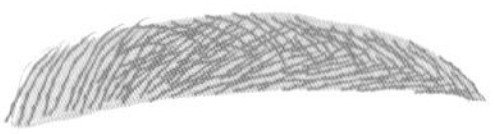

毛量はあるけど
1本1本が細い
薄眉さん

使うアイテムはコレ
- アイブロウパウダー
- アイブロウブラシ
- アイブロウペンシル

毛が細く、眉の存在感が薄いので、パウダーでボリュームを足したあとに、アイブロウペンシルで毛並み感をつくります。パウダーは色の濃淡のある多色パウダーがベスト。トントンと色を置く感じで濃淡をつけていくと、自然な立体感が生まれます。ぼんやりとした印象が引き締まり、顔全体にメリハリが。

全体的に細すぎたり
部分的に毛がない
細眉・短眉さん

使うアイテムはコレ
- リキッドアイブロウ
- アイブロウブラシ
- アイブロウパウダー
- 眉マスカラ

まずはリキッドアイブロウで足りない毛を描き加えましょう。毛流れを意識して1本1本描くと、自然な仕上がりに。その上からパウダーで色をのせ、ボリューム感と太さを補正してください。眉毛に眉マスカラをのせて、描き足した部分と毛の色を合わせると一体感が生まれ、より自然に仕上がります。

おすすめはコレ!

塗りやすさ抜群の熊野筆

毛流れを整えやすくムラなく塗れる幅広のブラシ。角度を変えると細くも太くも描けて便利。

[アルティザン・アンド・アーティスト] アイブロウブラシ 7WMPF09

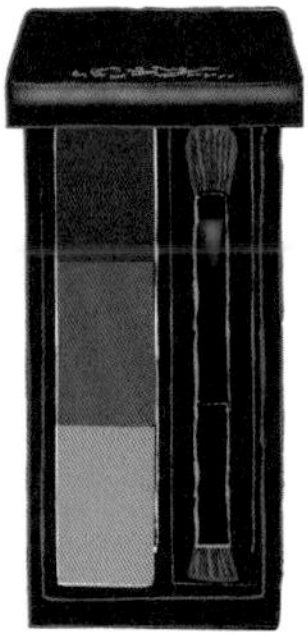

一日じゅう色がしっかり密着

パウダーですが粉っぽさがなく、しっとりとやわらかなタッチで、自然に伸ばせます。

[コーセー] ヴィセ リシェ　アイブロウパウダー BR-2

リアルな眉毛を再現

ほどよくしなる超極細筆が使われていて、本物の毛のような繊細な線が描けます。1本1本描き足して。

[カネボウ] デザイニングアイブロウリクイド　LE1.2

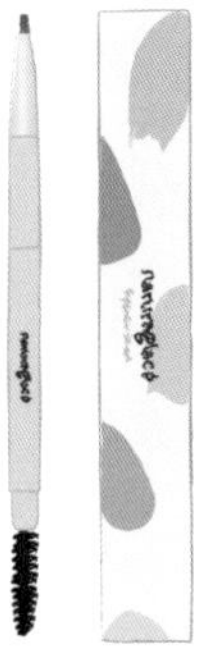

描きやすく、落ちにくい!

やわらかでなめらかな描き心地。軸が重く、持ったとき安定感があるのも描きやすさの理由。

[ネイチャーズウェイ] ナチュラグラッセ アイブロウペンシル

ぶきっちょさんでも扱いやすい極小ブラシ

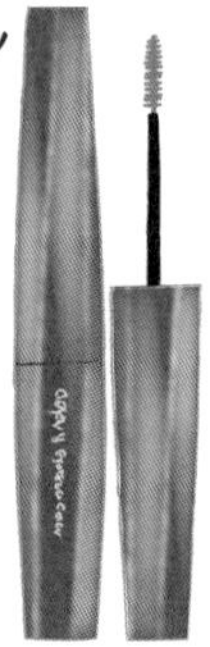

液が肌につきにくく、色をつけすぎることなくナチュラルにトーンアップできます。

[イミュ] デジャヴュ アイブロウカラー アッシュブラウン

ごわつきのない明るい眉に

ごわつかせず毛流れをキープできるソフトキープ成分を配合。発色のよさもピカイチ。

[コーセー] ヴィセ リシェ インスタント アイブロウ カラー

point makeup 2

ポイントメイクに関するお悩み

question

眉を描くと、ペタッと海苔がはりついたようになるのはなぜ？

answer

フェイスパウダーが足りていないのかも。眉の下辺を濃くして、上辺は淡くすると立体的に。

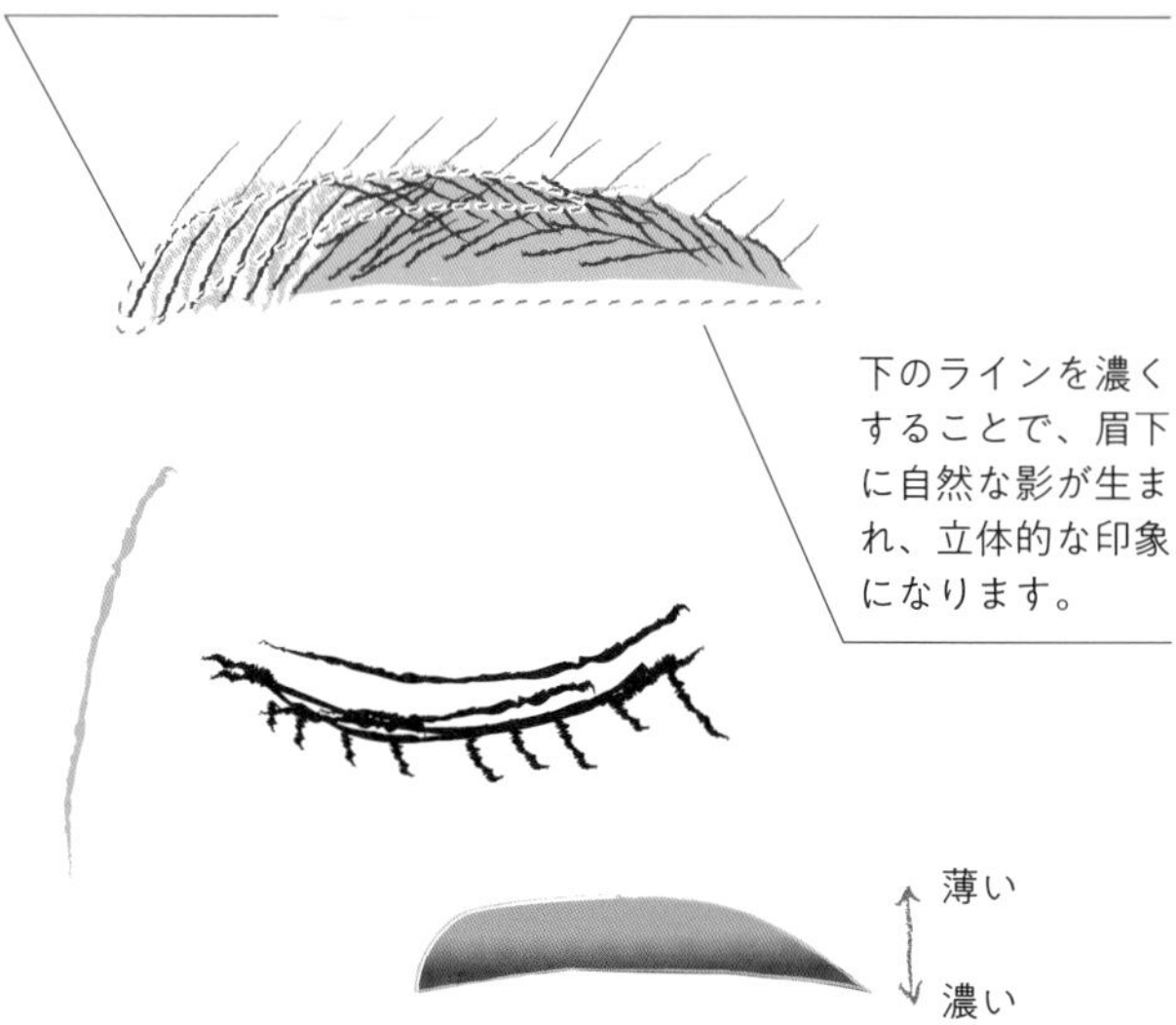
生え際を剃ると、はり付いたような眉になってしまうので、産毛は自然に生かしましょう。

眉頭はいちばん薄く！

下のラインを濃くすることで、眉下に自然な影が生まれ、立体的な印象になります。

薄い
濃い

眉メイクの前には必ず、これから眉を描く部分全体にきちんとフェイスパウダーをつけて油分を抑え、サラサラにしておく必要があります。このひと手間でアイブロウパウダーがベタッとつくのを防げます。また、毛流れに沿って眉をていねいに描き足すだけでは濃淡がつかず、のっぺりとした眉になってしまいます。眉を描くときは眉の下辺に濃い目に色をのせ、上辺にいくほど色づきを淡くしてグラデーションをつけるようにすると、眉だけが浮いて見えることがなく、自然に仕上がりますよ。

question

昔入れたアートメイクのせいで、すっかり時代遅れの眉に…。

answer

コンシーラーでなかったことに。昔にとらわれず、今の自分にアップデートを。

吊り眉ブームのときに入れたアートメイクのせいで、眉の形をアップデートできないと悩む方、結構いらっしゃいます。また、加齢とともに眉の位置が下がってくることも。この場合、若い時に入れたアートメイクの眉尻のラインのせいで、顔全体が垂れて見えてしまいます。

でも〝昔の眉〟のままがまんすることはありません。〝今の自分に合う眉〟を描いて、そこからはみ出たアートメイクは、コンシーラーで消してしまえばＯＫ。塗ったあとチップで軽くおさえて、その上からフェイスパウダーをつけて油分をオフすると崩れにくくなります。

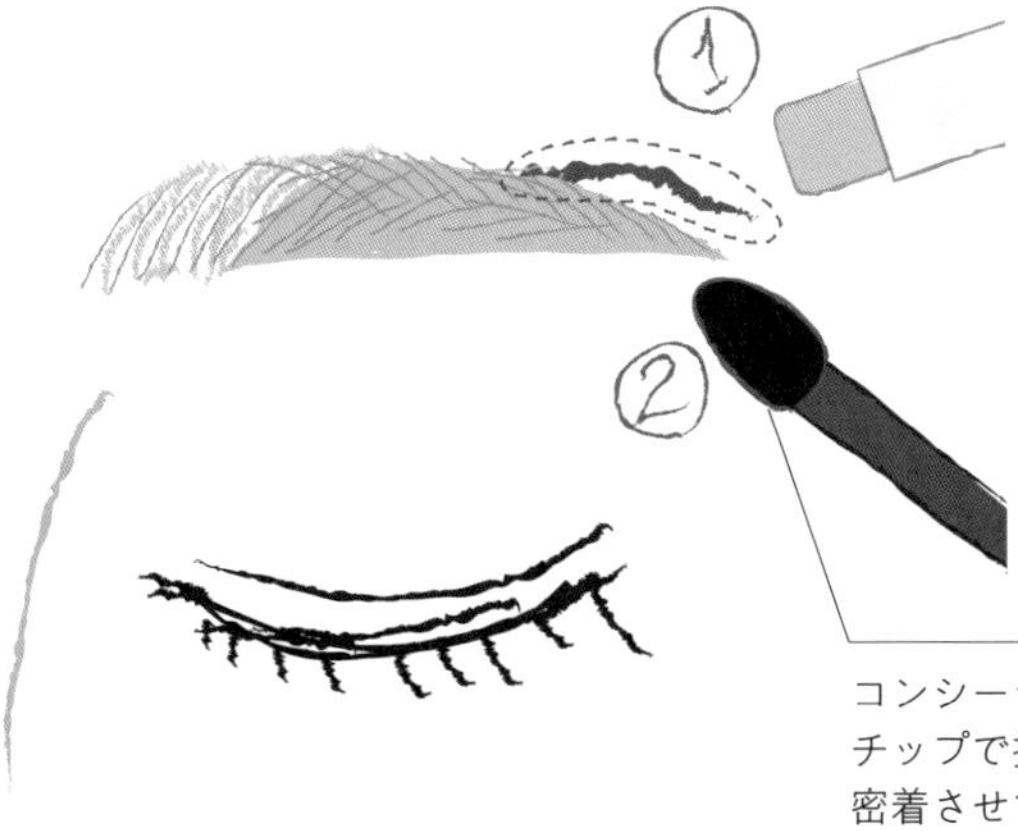

コンシーラーをチップで押さえ密着させて。最後にフェイスパウダーを。

固めタイプを選んで！

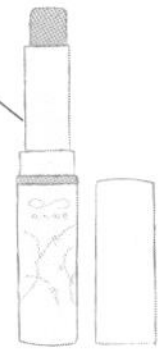

おすすめはコレ!

密着パウダーが配合されていて崩れにくいのがうれしい。伸びもよく、肌にすっとなじみます。

［コープ化粧品］ するっと塗れる クマカバー用コンシーラー

point makeup 4

ポイントメイクに関するお悩み

question

顔がのっぺり平面的になってきてなんとなくメリハリがなくパッとしません。

answer

〝目もとの立体感〟がカギ。眉下と鼻筋にシャドウを入れてみて。

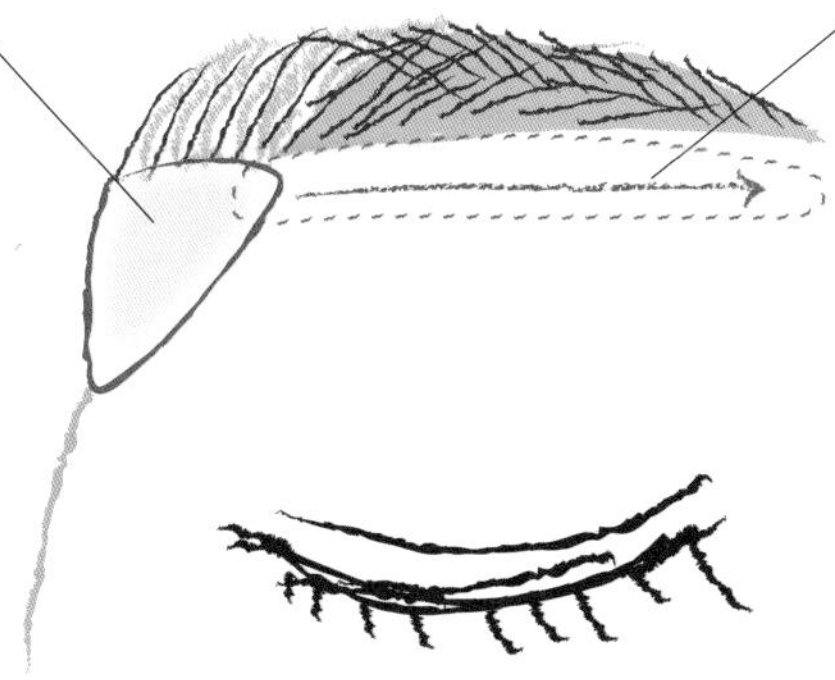
ここには、ノーズシャドウを。入れ方は p.77 を参照してください。
ベージュ色のアイシャドウをブラシにとり、眉毛の下辺の下に線を引くように、内側から外側へ色をのせてください。うっすら色がついているくらいで、効果は十分。

顔にメリハリをつけようとすると、アイメイクをしっかりめにしたくなりますが、重要なのは目ではなく、眉下と眉頭から鼻根にかけてのくぼみの部分。ここに影を入れることで目元がくっきりと引き立ち、明るく活力のある表情が戻ってきます。眉下に淡いベージュ色のアイシャドウを一筋すっと入れるだけで、目元の立体感が強調されます。眉頭から鼻根にかけてのくぼみには、眉頭と同じ明るいベージュ色をうっすらと入れて。左右の目や眉の間隔が狭まって、はっきりとした顔立ちに見える効果もありますよ。

question

毛量やコシがなくなったまつげをボリュームアップさせたい！

answer

カールキープできるマスカラ下地を味方につけて、ボリュームアップしつつ、美しい毛並みに。

くるんと上がった、ふさふさのまつげ。そんなパッチリアイメイクのトレンドをくぐり抜けてきた大人世代にとって、まつげのボリューム不足は大問題。まつげが少なくなると、目もとが寂しい感じがしてしまいますよね。ですがマスカラ下地を味方につければ大丈夫。繊維入りなら自然にまつげがボリュームアップしたように見えたり、カールをキープしてくれたりするので、女性らしいツヤやかで美しい毛並みが手に入ります。伸びやかなセパレートまつげを目指しましょう。

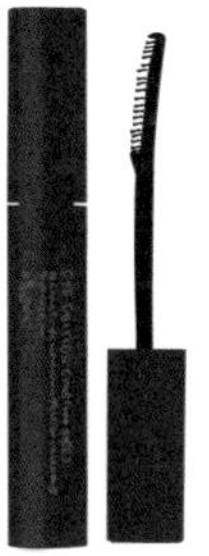

おすすめはコレ!
下地

長時間美しいカールが持続。繊維入りで1本1本が伸びやかで、ツヤのあるまつ毛に。

[エテュセ] ettusais アイエディション（マスカラベース）

おすすめはコレ!
マスカラ

うるおいやハリ、コシを育む美容成分入り。長く上向きの美まつげを演出できます。

[エトヴォス] ミネラルロングラッシュマスカラ

point makeup 6

ポイントメイクに関するお悩み

question

アイシャドウを塗っても いまいちパッとせず 効果が感じられません。

answer

アイメイクするときはあごを上げて顔を下から見て。アイホール全体を〝目〟ととらえましょう。

アイシャドウを塗るとき、鏡を正面、または上からのぞき込んでいませんか？顔を正面から見ると立体感がつかみにくいうえ、あごを引いた状態で鏡を見るとアイホールを実際より小さくとらえてしまいます。このせいで、アイシャドウを塗る範囲が小さくなってしまっているのかもしれません。上まぶたにメイクするときは、アイホールを最大限にとらえるために、少しあごを上げた状態で、目線だけを鏡の位置に下げて、顔を下のアングルから見るようにしましょう。まぶたの立体感も把握しやすくなりますよ。

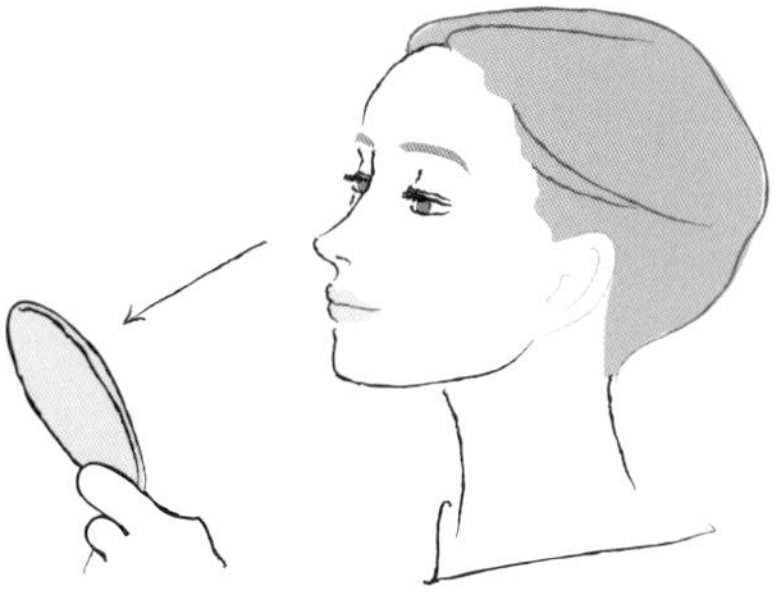

あごを上げて、目線だけ下げて鏡を見ます。こうすることでアイホールの範囲を正確にとらえられます。

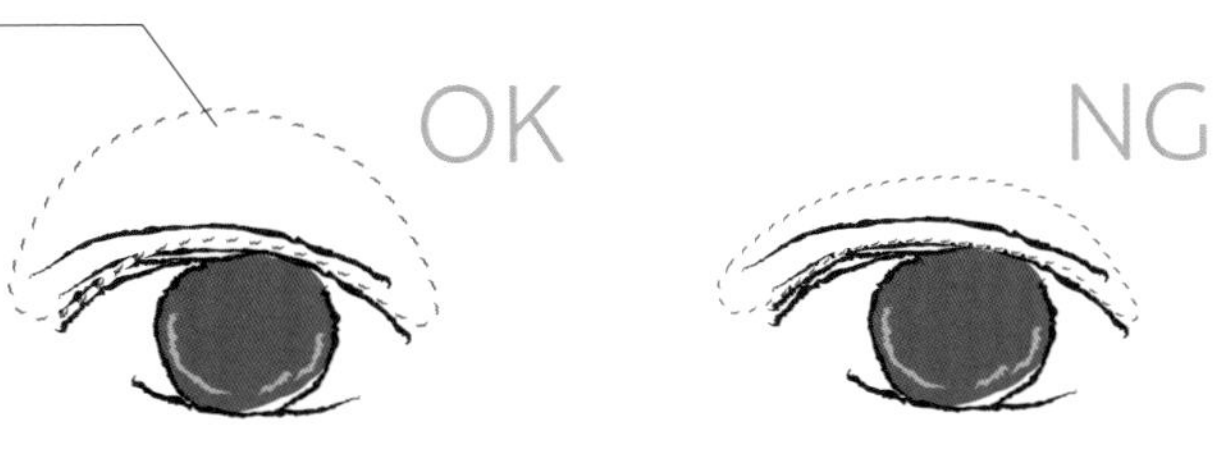

アイホールとは、眼球が入った骨のない部分のこと。アイホールの範囲を広く正確にとらえるほど目は大きく見え、狭くとらえると目は小さく見えます。

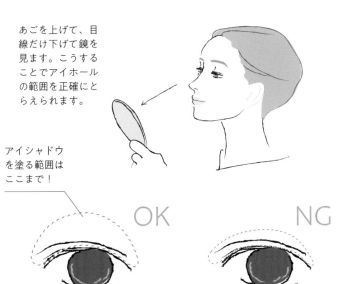

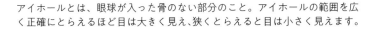

point makeup 7

ポイントメイクに関するお悩み

question

近頃アイラインを引くと目が小さく見えるうえ〝キツイ〟印象になってしまいます。

answer

黒色で目をぐるりと囲んでいませんか。必要なのは、肌になじむやわらかい線。

こげ茶色のアイライン

OK

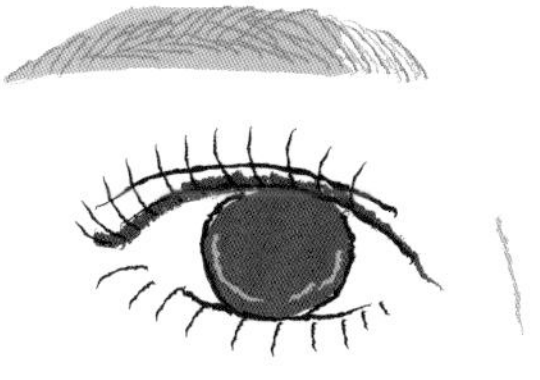

目の縁のインサイドにこげ茶色のラインを入れると、まつげの密度が高まって見える効果が。アイシャドウとマスカラのつながりもスムーズで目が大きく広がって見えます。

黒の囲み目ライン

NG

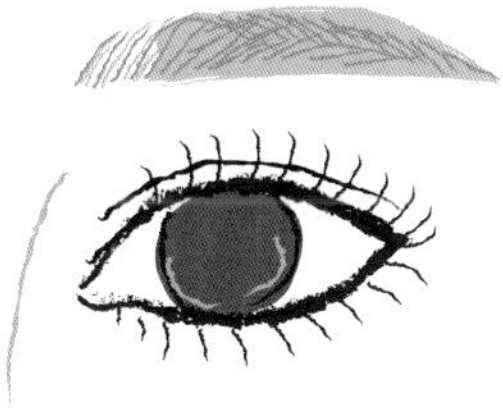

目の輪郭を黒で囲ってしまうと、目力が内側だけに集約されてしまいます。強い印象にはなりますが、黒目が小さく見えて、きつい印象になってしまいます。

「目力アップには黒いアイライナー」。という認識も、間違いではありませんが、ハリのあった若い頃とは少し事情が変わってきます。年を重ねると、黒という強い色に肌や瞳の色が負けてしまいがち。しかも、黒のラインには引き締め効果があるので、ぐるりと囲んでしまうと目がより小さく見えてしまいます。

大人世代が自然に目力をアップさせるには、マスカラは黒でもアイライナーはこげ茶色を使うのがベスト。ぼんやりしてきた目のラインをナチュラルかつきっちり補強して、目を大きく見せられます。

point makeup 8

ポイントメイクに関するお悩み

question

まぶたにシワがよって アイラインが うまく引けません!

answer

点線を描いてから綿棒などでぼかしてつなげましょう。

アイラインには、まつげの上に描くアウトサイドラインと、まつげの下に描くインサイドラインがあります。顔立ちがはっきりした方は、インサイドラインだけ描けばOK。目元がぼやっとしがちな方は、両方描くのがおすすめです。

アウトサイドラインを描くときは、ペンシルアイライナーで点を打っていき、細いアイライナーブラシか細いチップや綿棒で左右にぼかすと、1本の線のように自然につながって見えます。その上に同系色のアイシャドウを細く重ねれば、ヨレにくく色もちもアップしますよ。

インサイドラインの描き方

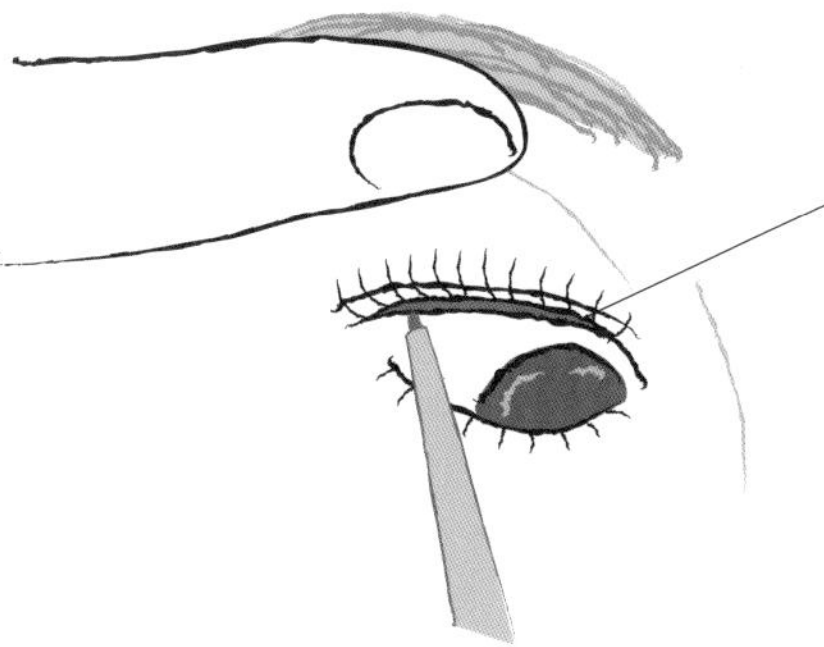

インサイドラインはまつげの下から。アウトサイドラインはまつげの上から。

インサイドラインは、まぶたを押し上げ、まつげの根本をうめるようにアイライナーを目頭から目尻に向かって動かします。線を引こうとせず、点線をつないでいく感じでOK。

おすすめはコレ!

ぶきっちょさんでもラクに描ける極細筆。速乾性があるので、途中でまばたきしても大丈夫。

［ディー・アップ］D-UP シルキーリキッドアイライナー

おすすめはコレ!

超極細のジェルライナーで、なめらかな描き心地。まつげどうしのすき間を埋めるのに最適。

［井田ラボラトリーズ］キャンメイク クリーミータッチライナー 02　ミディアムブラウン

question

まぶたが落ちくぼみぐっと疲れた印象に見えてしまいます。

answer

コンシーラー＋パール入りのアイシャドウでまぶたを明るくふっくらと。

目がくぼむと、その周辺に影ができてしまいます。これが疲れて見える原因。影を消さずに色をのせても、暗さが透けてしまい美しく発色してくれません。まずは補整効果の高いコンシーラーでくぼんだ部分を明るくしましょう。

やり方は簡単。ベースメイクの〝クマ退治〟（p.19）と同じように、くぼんだ部分にオレンジ色のコンシーラーを塗って血色を仕込み、次に黄色のコンシーラーで明るさをプラス。フェイスパウダー（p.27）でおさえてから、上まぶたにパール系の明るい色をのせると目元が明るく。

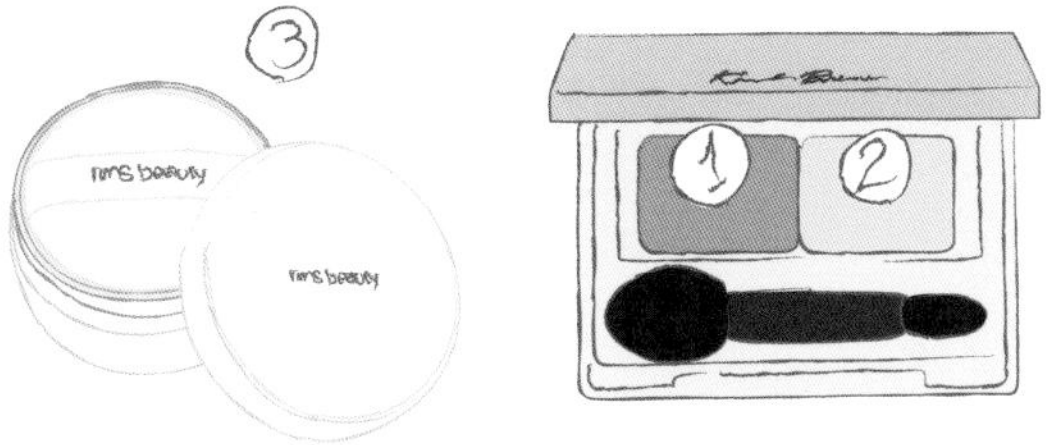

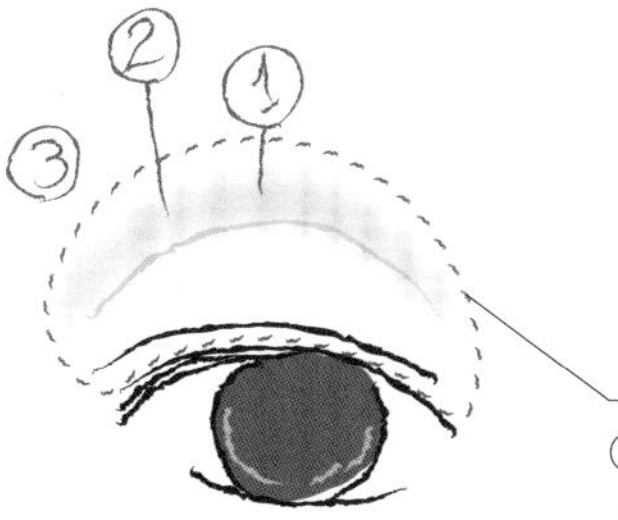

①②③で暗さをリセットしたあと、アイホール全体にパール系の明るいアイシャドウをふんわりとのせる。

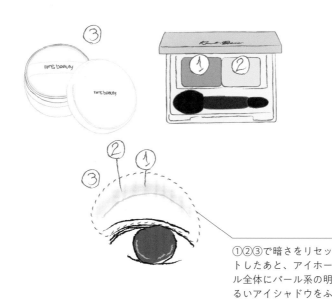

ポイントメイクに関するお悩み

question

むくみがちで、腫れぼったいまぶた…メイクするとよけいに目立ちます。

answer

アイホールに入れる色はマット系に。中央だけパール系の明るい色をのせて。

アイシャドウの質感選びがポイントです。マットな質感のものは、塗った部分が周囲より引っ込んで見える効果があり、逆にパールなど光沢のあるものは、塗った部分が周囲より出っ張って見える効果があります。まぶたがはれぼったい方は、アイホールにマット系のアイシャドウを塗ったうえで、黒目の上のいちばん出っ張っている部分にパール系の明るい色を塗ると、立体感が際立ちます。仕上げに、まつげにマスカラをたっぷりつけるとむくみが軽減して見えますよ。

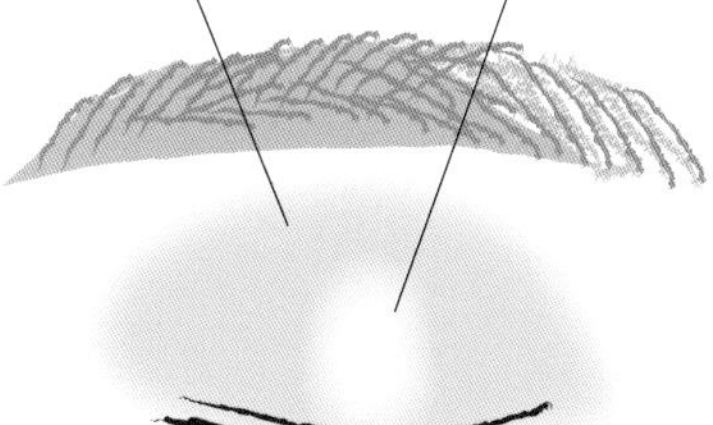
マット系のアイシャドウをアイホール全体に入れましょう。腫れがひどいときは赤みのない暗い色を選んで。
まぶたの中央にはパール系の明るい色を。指でスタンプを押すようになじませて。

おすすめはコレ!

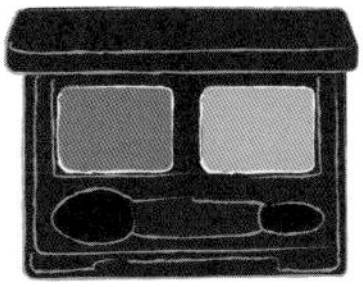

光を反射させるシャインベージュと光の反射を抑えるマットベージュで、立体感のある目元に。

［グリム］レイクリスタル　3D メイクシャドウ（アイシャドウ）

point makeup 11

ポイントメイクに関するお悩み

question

アイシャドウパレットに付いている配色イラストのとおりに塗っているのに映えません。

answer

ご自身の顔のバランスに合わせてアイシャドウの色と質感の使い方を変えてみて。

p.32～39で、人の顔のバランスをA～Dの4タイプに分け、それぞれがもつ印象や、魅力を引き出す光と影と血色の入れ方についてご説明しています。実はアイメイクでも、この顔のバランスに合わせて光と影を入れることで、魅力を引き立てることができるんです。

アイシャドウパレットには、明るい色と暗い色だけでなく、マットとパールの2つの質感がセットされているものが多いですよね。明るい色やパール系のものは光、暗い色やマット系のものは影を演出するアイテムと考えてください。

たとえば、AやCの離れ目タイプの人は、目頭側に影（暗い色・マット系）を入れて目の間を少し引き締めると間がよく見えます。逆に、BやDの寄り目タイプの人は目頭側に光（明るい色・パール系）を入れると、目の間隔が少し緩み、やわらかな印象に見えます。次のページから顔のバランス別に魅力を引き出すアイメイクのし方を解説していますので、まずは、p.34～35でご自身の顔のタイプをチェックして読み進めてください。

A type

おでこ広めの離れ目さん

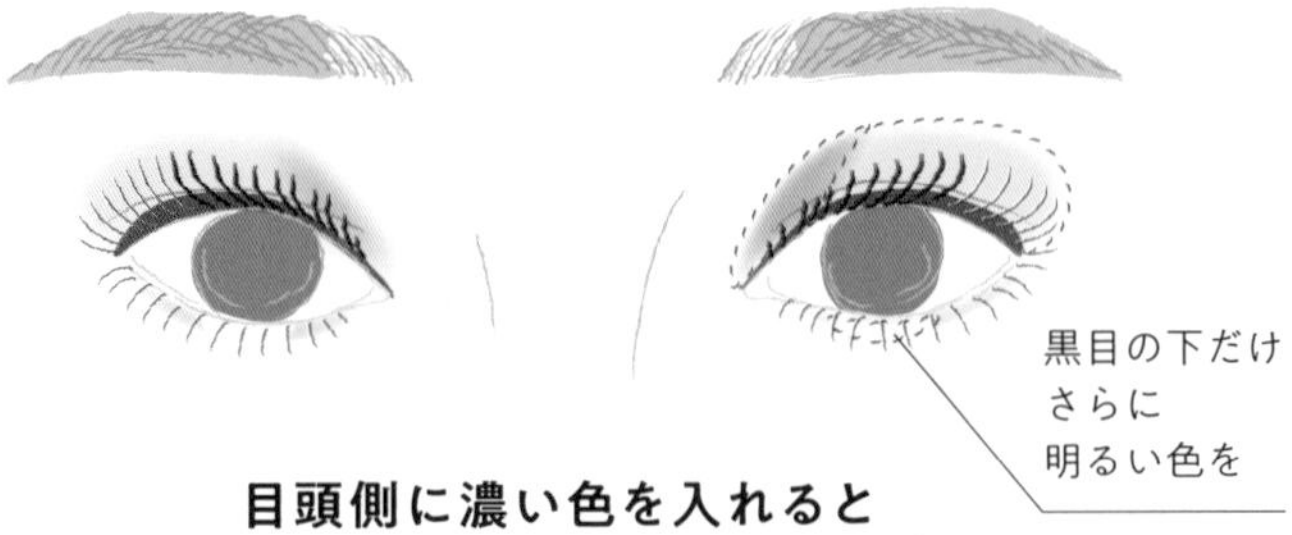
黒目の下だけ
さらに
明るい色を

目頭側に濃い色を入れると
きゅっと締まって大人かわいい印象に

①明るい色のアイシャドウを上まぶたの目尻側から2/3と、
下まぶたの目の際全体に淡くのせます。
黒目の下だけ、さらに明るい色を小さくのせて。
②アイシャドウの濃い色を目頭側の際にのせます。
③アイラインを目頭から目尻まで太めに描きます。
④マスカラは、目頭から真ん中までをたっぷり、目尻側は軽めに。
下まつげは軽くか、つけなくてもOK。

C type

おでこ狭めの離れ目さん

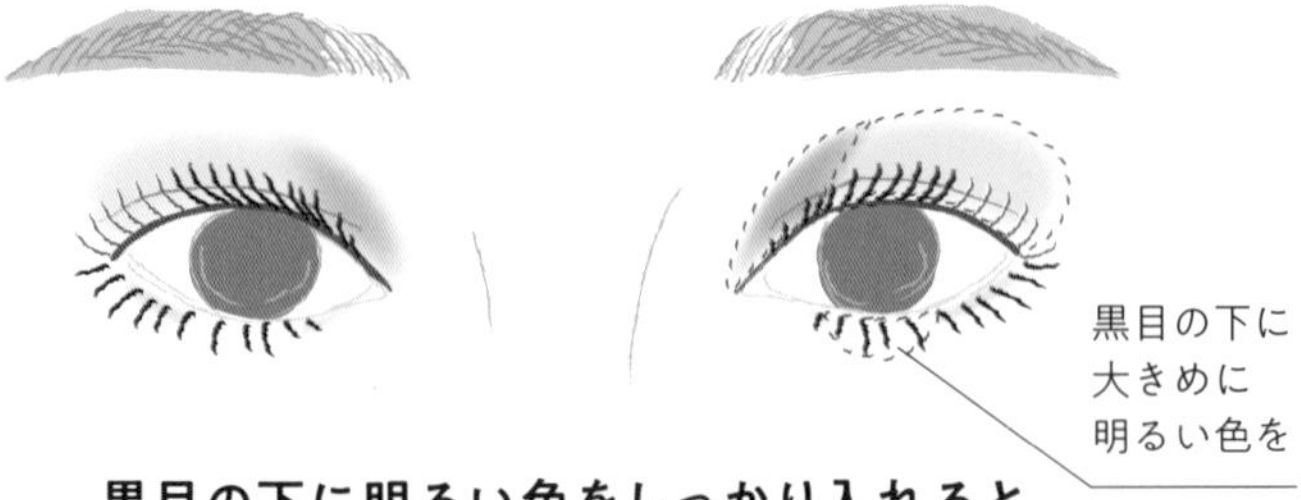
黒目の下に
大きめに
明るい色を

黒目の下に明るい色をしっかり入れると
イキイキとした印象に

①明るい色のアイシャドウを上まぶたの目尻側から2/3と、
下まぶたの目の際全体に淡くのせます。
黒目の下だけ、さらに明るい色をのせて光を強調して。
②アイシャドウの濃い色を目頭側の際にのせます。
③アイラインを目頭から目尻まで細く描きます。
④マスカラは、目頭から真ん中までをたっぷり、目尻側は軽めに。
下まつげにも多めにつけて。

※p.34～35を参照して、ご自分がどのタイプにあてはまるのかを確認してください。

B type

おでこ広めの寄り目さん

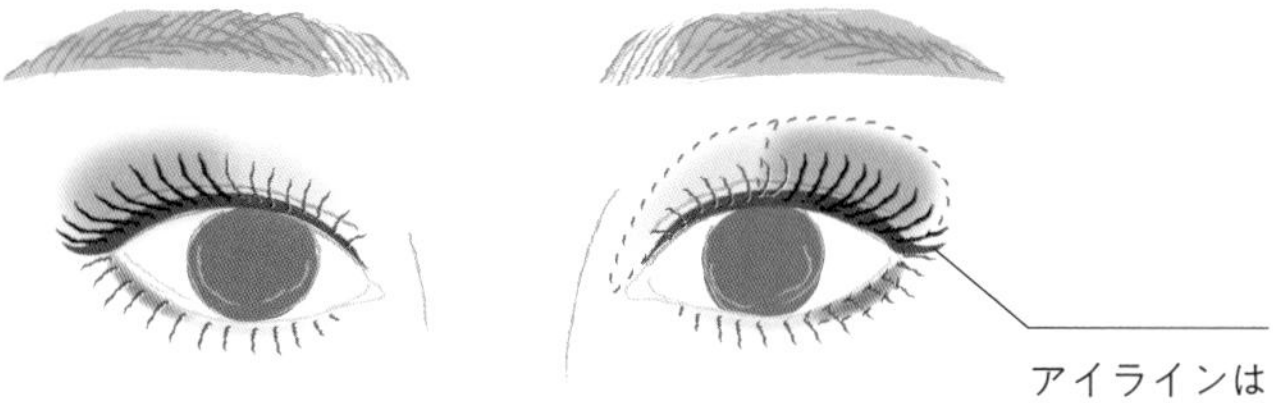
アイラインは
目尻を
少し長めに

濃い色を目の外側にのせると
やわらかな印象に

---

①明るい色のアイシャドウを上まぶたの目頭側から半分、
下まぶたの目頭側から 2/3 の範囲に淡く載せます。
②アイシャドウの濃い色を上まぶたの日尻側半分と、
下まぶたの目尻側 1/3 にのせます。
③アイラインは目頭側は 2㎜あけて太めに描き、目尻側を長めに描きます。
④マスカラは、目頭側は軽めに、目尻側にたっぷりと。
下まつげは軽くか、つけなくても OK。

D type

おでこ狭めの寄り目さん

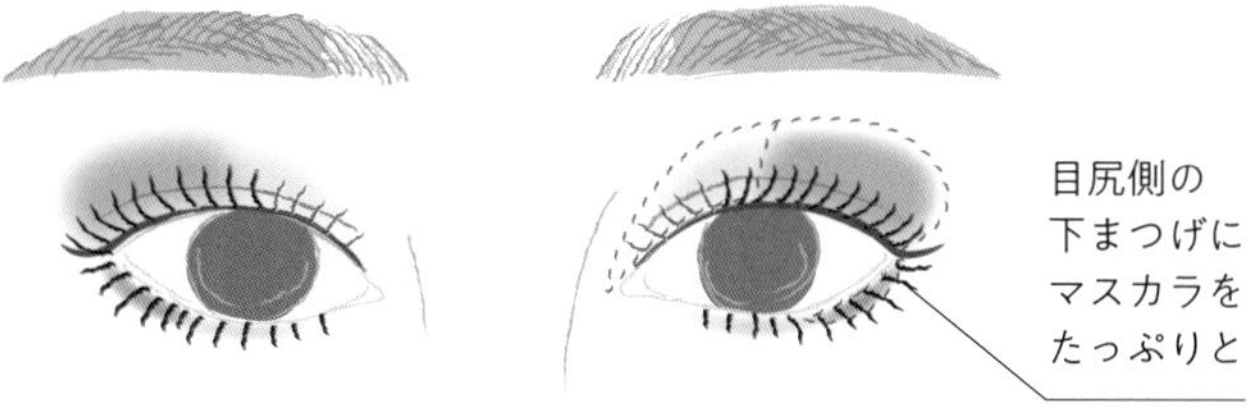
目尻側の
下まつげに
マスカラを
たっぷりと

目頭側に明るい色をたっぷり入れて
かわいらしさをプラス

---

①明るい色のアイシャドウを上まぶたの目頭側から半分、
下まぶたの目頭側から 2/3 の範囲にたっぷりのせます。
②アイシャドウの濃い色を上まぶたの目尻側半分と、
下まぶたの目尻側 1/3 にのせます。
③アイラインを目頭側は 2㎜あけて細く描き、目尻側を長めに描きます。
④マスカラは、目頭側を軽めに、目尻側にたっぷりと。
下まつげにも多めにつけて。

question

カラーメイクを楽しみたいのですが若い頃似合った色が映えなくなってきて…。

answer

大人世代は血色を感じる色が似合うように。色ではなくつけ方を変えてみるのも手。

きれいな色が並ぶアイシャドウパレットを見て、ワクワクする気持ち。この高揚感こそメイクの楽しさではないでしょうか。カラー診断で、似合う色を探すのもいいのですが、どんな色も要はバランス。つけ方次第で、みなさんどんな色でも似合うんです。何より〝好き〟という自分の気持ちを大事にしてあげてください。大人世代は、目尻やアイライン、まつげに好きな色を塗るのがおすすめ。その際、上だけでなく下まぶたや下まつげにもほんのり色をのせると自然とバランスが整い、色が浮かなくなりますよ。

大人世代におすすめのカラーメイク方法

カラーアイライナーは目尻側1/3に入れ、目尻は少し跳ね上げます。アイシャドウは下まぶただけに明るい色を。

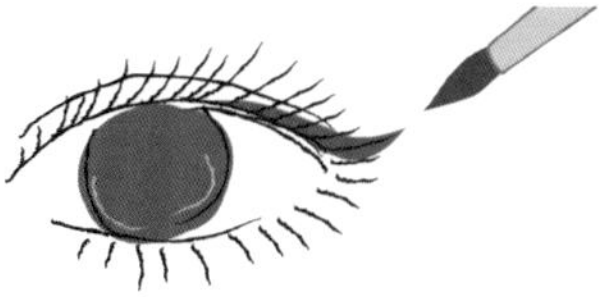

おすすめのカラーマスカラは、ネイビーとボルドー。前者は知的で上品な印象、後者はより女性らしい印象に。

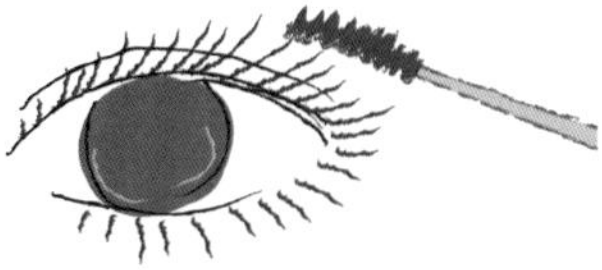

カラーアイシャドウは、上まぶただけでなく、下まぶたの目尻側から1/3の範囲に入れると自然に見えます。

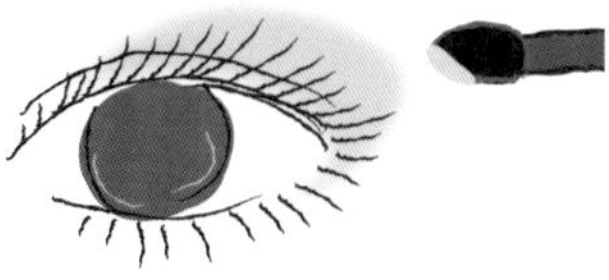

question

頬が垂れて目の下が間伸びして見えます。メイクでなんとかなりますか？

answer

大人こそ、涙袋メイクを。目の下をふっくらさせて、頬を短縮!

ぜひ大人世代に取り入れていただきたいと思っているのが、若い人たちの間でトレンドになっている〝涙袋メイク〟。下まぶたに明るいパール入りのアイシャドウをのせることで、ふっくらとした涙袋が出現。そのため目が明るく大きく見え、間伸びしてしまった頬が短く見える効果があるからです。ただ、やりすぎてしまうと違和感が生じるので、控えめに。ゴールドや明るめのベージュのアイシャドウで涙袋にうっすら色をつけるくらいでも、じゅうぶん効果がありますよ。

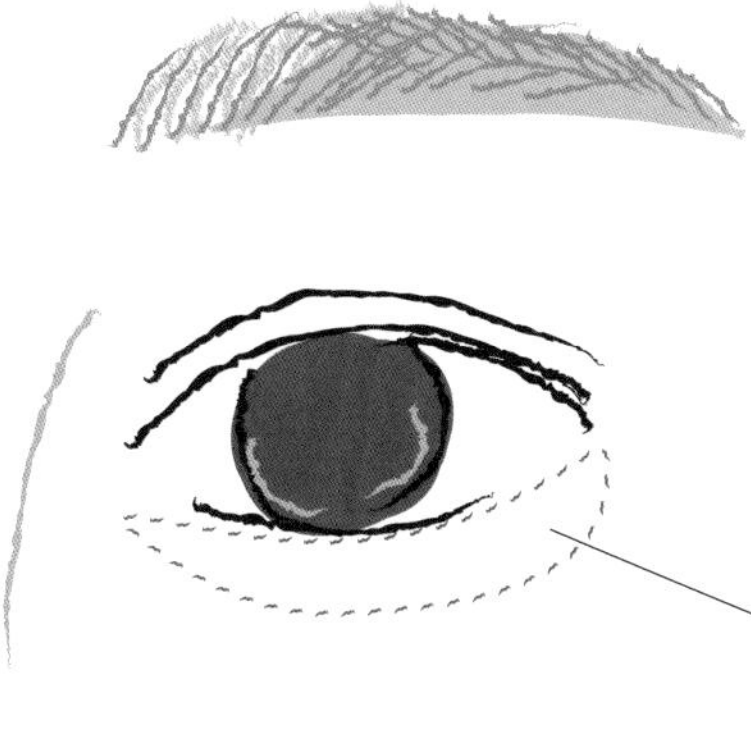

下まぶたの目の際に、ほんのり血色を感じさせるパール系の明るいローズカラーを入れても素敵。

おすすめはコレ!

1本に2色のアイシャドウがついていてお得。色の定着がとてもよく、目元をこすってしまっても簡単ににじまないのもいいところ。

[ボビィブラウン] ロングウェア デュアルエンド クリームシャドウ スティック 01 (プラチナムピンク・アンティークローズ)

point makeup 14

ポイントメイクに関するお悩み

question

なぜかいつもメイクが濃くなってしまいます。

answer

アイメイクから始めていませんか？順番を変えると、ナチュラルに仕上がります。

　ベースメイクが厚くなってしまうのは、クマやシミなどを必要以上に隠してしまうため（p.18～19参照）。では、それ以外のメイクが濃くなってしまうのは何が理由かというと〝もの足りなさ〟が関係しているように思います。

　その〝もの足りなさ〟をなくす方法がひとつ。それは最初に口紅を塗ること。顔の中でいちばん動きが大きく、目立つ部分である口もとに血色が宿ると、それだけで元気に見えます。次に、チークで血色をプラスしてから、〝顔の額縁〟としての役割を担う眉毛を描きます。ここでいったん、鏡で顔全体を見てみてください。すでにいい感じの顔になっているはず。アイシャドウやマスカラで華やかさを添えるのは、このあとで。アイメイクをしていない状態でも顔がイキイキして見えるため、自然と薄化粧になりますよ。

　いっぽう、アイメイクから始めてしまうと、いつまでも血色がよく見えないのでどんどん濃くなってしまいがち。〝全体を引いてみる〟のを忘れないようにしてくださいね。

question

やせてしまった唇を
ふっくら見せたい！

answer

リップライナーでボリュームアップしてふくよかで幸せそうなハート形の唇に。

リップライナーというと、80年代、90年代の輪郭くっきりメイクを思い出す方がいらっしゃるかもしれませんが、今、お伝えしたいのはリップライナーを使ったボリュームアップテクニック。口紅を塗る前に、唇と似た色のリップライナーで上唇の痩せてしまった部分を補強しながら輪郭を描き、中まで塗りつぶしてしまいましょう。その上から口紅を重ねてもOK。また、下唇の口角の際に黄色のコンシーラーを仕込むのを忘れずに。唇がリフトアップして見え、ふっくらとした豊かなハート形の唇になりますよ。

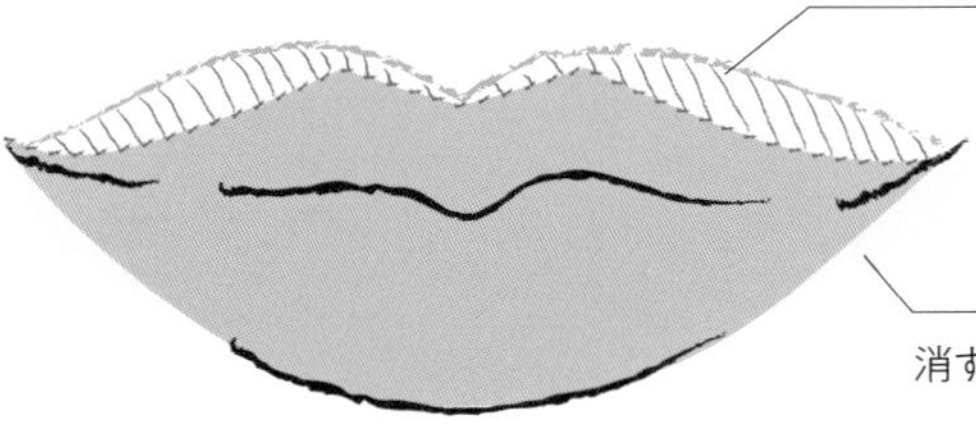

①コンシーラー
やわらかめの黄色のコンシーラーをチップにとり、皮膚の色がくすみやすかったり、影になって口角が下がって見えるラインに色をのせて、指でなじませます。このとき舌で口角部分を押し出すようにすると、塗りやすいですよ。
②リップライナー
上唇は口角から上唇の山にかけてのラインを1〜2ミリオーバーぎみに描きましょう。

下唇はオーバーぎみにすると口角が下がって見えるため、口角の輪郭の内側にペンを入れ、中央に向かって、徐々に輪郭上をなぞるように描いてください。

輪郭が描けたら、内側を塗りつぶし、指でトントンと軽くおさえて、色をなじませます。

question

唇の色がくすんでしまって、リップの色が映えません。

answer

唇を染め上げるように発色するティントリップを下地に使ってみて。

もとの唇の色をおさえるのには、コンシーラーを使う手もあるのですが、この方法だと長時間もたないので、どちらかというと撮影メイク向き。その点、ティントリップを下地に使う方法はナチュラルな仕上がりで、ふだんのメイクにもよく合います。色持ちがいいので単品使いでもいいし、口紅を重ねると華やかに。さらに口紅の塗り方にもひと工夫を。中央にだけ濃い色をのせ、指でトントンとなじませて輪郭をぼかすと、唇が立体的に見えてボリュームアップも叶います。

おすすめはコレ!

唇にほんのりと自然な血色をプラス

リップクリーム並みの保湿力を兼ね備えていて、つけ心地満点。色展開の豊富さも魅力。

[ボビィブラウン] エクストラ リップティント

おすすめはコレ!

シアーで鮮やかな発色でツヤめく唇に

95%自然由来成分で唇本来の美しさを引き出し、すこやかな血色感を演出できます。

[ジバンシィ] ローズ・パーフェクト

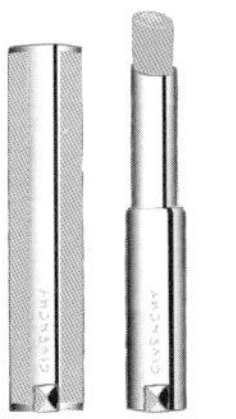

おすすめはコレ!

透明感のある唇に色もちも長く続きます

唇そのものが色づいたような透け感のあるキレイな色が、長時間キープできます。

[イミュ] オペラ リップティント N

question

チークを入れるとおてもやんになってしまいます。

answer

チークブラシの当て方に問題が。ブラシを寝かせてつけると自然な風合いに。

ベースメイクで入れたクリームタイプの〝仕込みのチーク〟は血色の役割。一方、〝仕上げのチーク〟はメイク全体をまとめる役割があります。これにはパウダーチークがおすすめ。ただこのとき、ブラシを立てた状態で頬にあてると、色が濃くつきすぎてしまいます。ブラシは寝かせて、頬を撫でるように動かすと、ふわっと自然な風合いに。正面だけでなく、横を向いて鏡を見ながら手を動かして。最後にブラシに残った色を、額やあごなどの輪郭、まぶたにのせるとさらに全体がまとまって見えます。

ブラシはナチュラルに仕上がる丸平形がおすすめ。

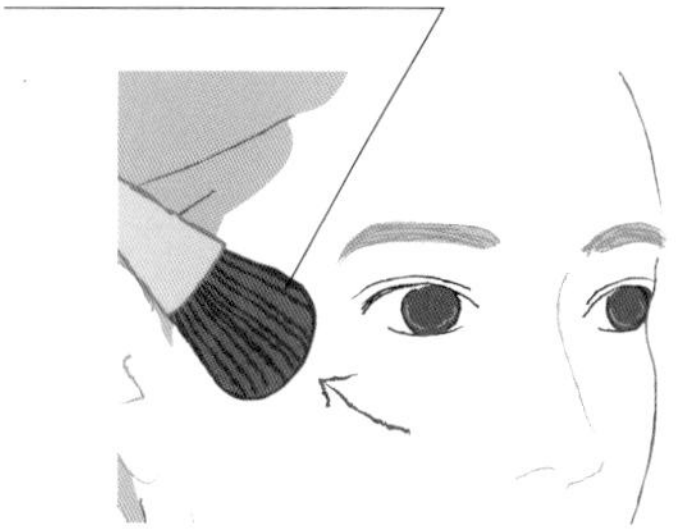

OK

ブラシは寝かせて、頬を丸く囲むように内側から外側へ向かってそーっとなでるように動かすと、薄づきで、キレイな仕上がりに。

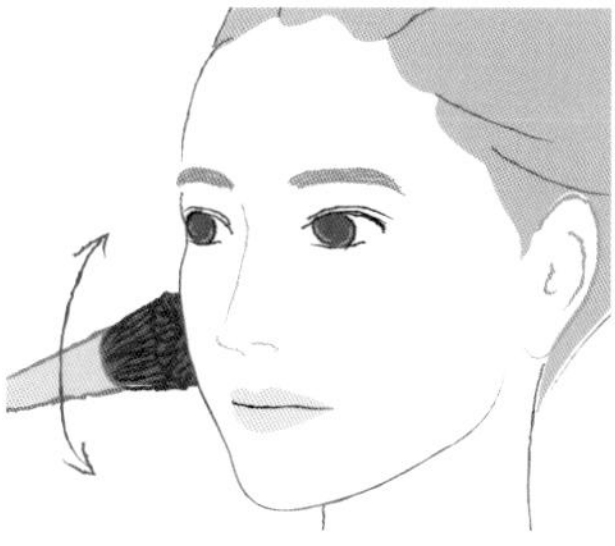

NG

ブラシを立ててシュッシュッと払うように動かすのはNG。一部分だけ濃く付きムラのある仕上がりになってしまいます。

顔に自然となじむパウダーチークの入れ方

仕上げのチークで、顔全体にまとまり感を

1

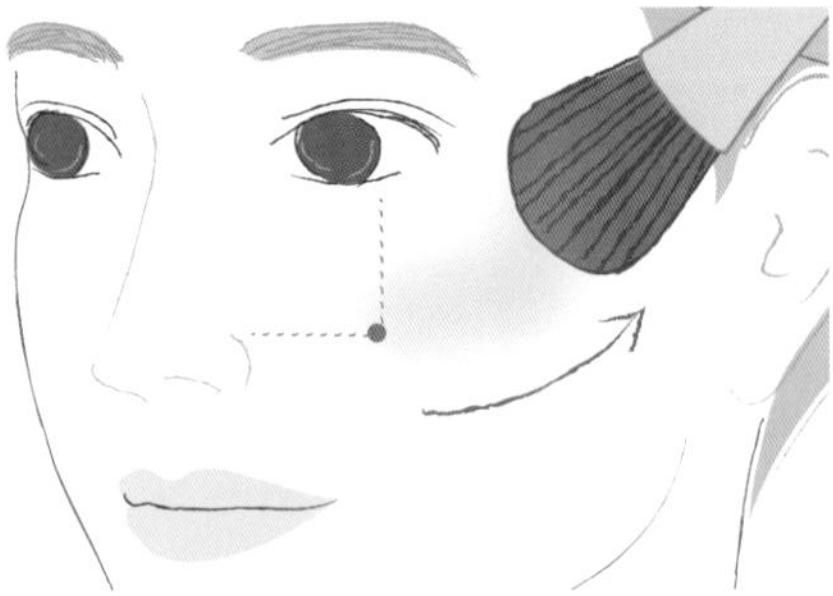

ブラシにチークをとり、小鼻の上と黒目の外側からのばした線の交差点にのせ、内側から外側に向かって広げます。チークを広げる範囲はp.36～37を参照してください。

2

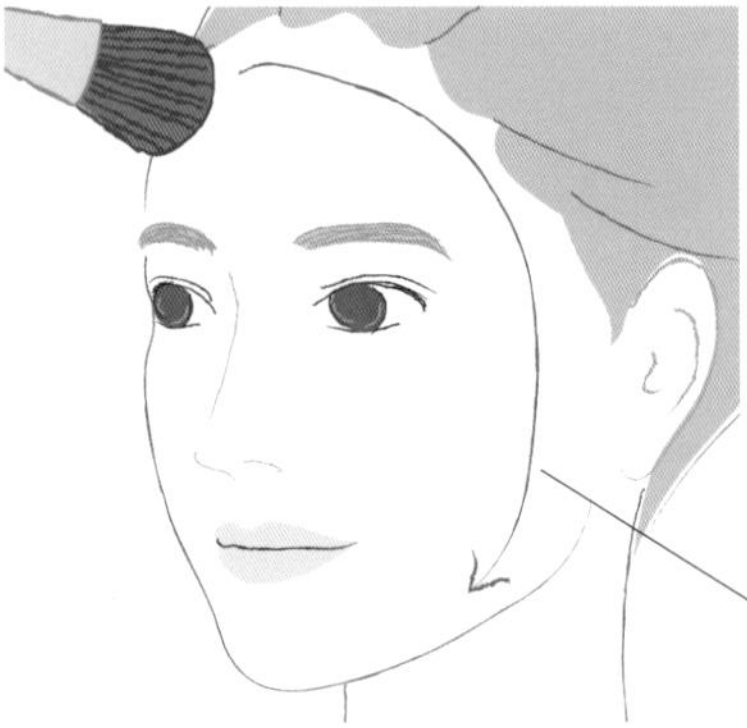

ブラシに残った色を、フェイスライン、額、上まぶた、に入れます。血色が足りないと感じたら色を足してもOK。

顔全体にうっすら血色感が出て、メイク全体にまとまりが出ます。

3

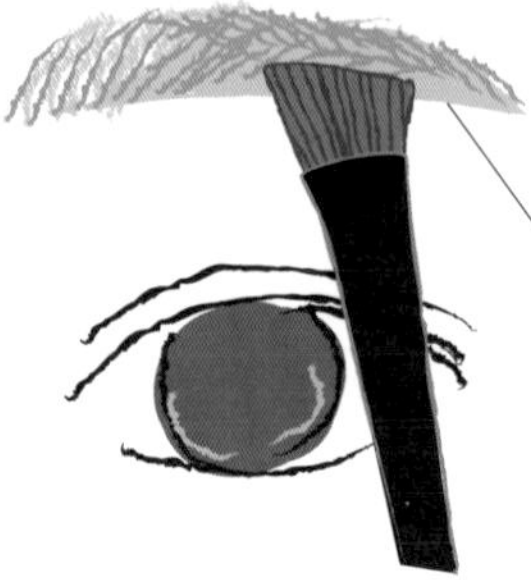

アイブロウブラシにチークを少量取って、黒目から眉尻くらいまでをさっとなぞります。

眉、目、頰に統一感が生まれ、やわらかな印象に。

コーラルピンク

ピンクとオレンジの中間のような色みは、日本人の黄みがかった肌になじみ、自然な血色感を出してくれます。

おすすめはコレ!

毎日の定番チークに

しっとりとしたつけ心地。キレイに発色しながら透け感があるので、自然な仕上がりに。

[ローラメルシエ] ブラッシュ カラーインフュージョン 13

オレンジ

ヘルシーな雰囲気になるオレンジはきちんと系だけでなく、カジュアル系の服装にもぴったり。カッコいい印象に。

おすすめはコレ!

若々しく快活な印象に

UVカット成分入り。薄塗りでもしっかりと色がつき、健康的な血色感を醸し出せます。

[エトヴォス] ミネラルプレストチーク(マリブオレンジ)

青みピンク

透明感や清潔感を引き立ててくれる青みピンクは、フォーマルな装いのときに。品よくまとまります。

おすすめはコレ!

ピュアな透明感を演出

シルキーな感触。ひとはけでツヤのヴェールをまとったような透明感が生まれます。

[RMK] ピュア コンプレクション ブラッシュ 03

column 3
キレイの秘訣

自分にやさしい目を向ける

鏡を見て〝自分の好きなところ〟をあげることができますか？　嫌なところにばかり目がいってはいませんか？

もしそうなら、鏡に映っているのが大切な友達だと仮定してみてください。自然と、いいところを見つけて褒めてあげようという視点になるはず。ふだんから鏡の中の自分を、一番の親友のように考えて、やさしい目を向けてあげると、難なくいいところを見つけられるはずです。あとはそのいいところを伸ばして、気になるところはちょっとカバーしてあげれば大丈夫。やさしい眼差しで、やわらかく触れるだけで、見違えるほどキレイになりますよ。

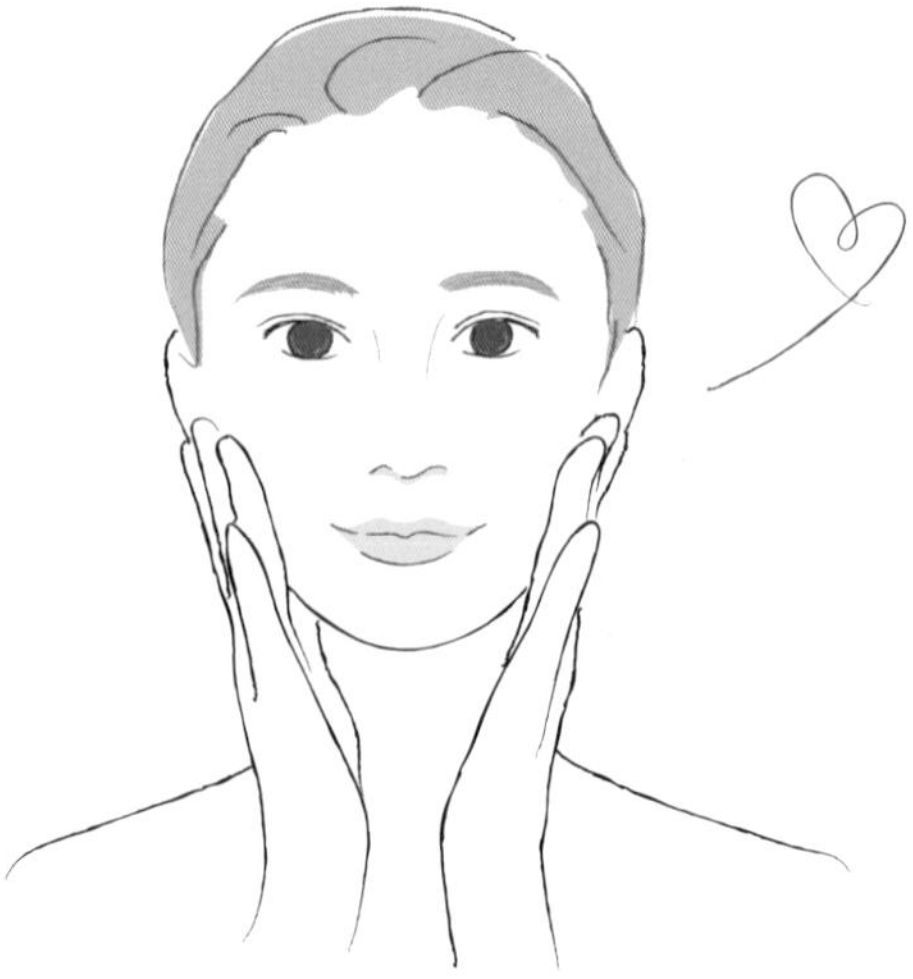

Part.4

元気な髪を育てよう

40代に入り、今までは楽しめていたおくれ毛や、ゆるふわスタイリングが、〝おしゃれ〟ではなく〝疲れ〟に見えはじめ「あれ?」と感じている方もいらっしゃるのでは。いつの間にかツヤがなくなり、白髪が目立ちはじめ、生え際や頭頂部の毛量が減り、髪型が決まらない。髪は顔以上に変化が顕著です。だからこそ日々のケアが大事。といっても特別なことをするわけではなく、ブラッシングやドライヤーなど、毎日行っていることを少していねいにするだけで、へなっと疲れてしまっていた髪に変化が生まれます。髪を育てる、その愛情が必要です。

question

髪にツヤがなくなりパサパサになってしまいました。

answer

ブラッシングで血行アップ。きれいな髪が生えてきやすい状態づくりを。

40〜50代の更年期になると、ホルモンバランスが崩れたり、新陳代謝の乱れなどが原因で、髪内部に含まれるタンパク質や脂質、水分のバランスが乱れ、髪が乾燥。その結果、ツヤがなくなり、うねりを生じてしまうことも。おすすめなのは、ドライヤー前にオイルをつけること。そして、ブラッシングやマッサージで頭皮の血行を促進すること。ツヤが出る上、頭皮がやわらかくなり、顔色が明るくなります。ふだん手ぐしだけで終わらせてしまっている方はぜひ試してみて！

ツヤ髪のつくり方

①ドライヤーの前にヘアオイルで髪を保護

手のひらにオイルを1〜2滴とり、毛先を中心になじませます。その後、手に残ったオイルを髪の内側になじませて。このとき頭頂部にはつけないこと。また必ず髪が濡れた状態で行ってください。

②ブラッシングをしっかりと

ドライヤーでしっかり髪を乾かしたら、ブラシを頭皮にあて、頭頂部に向かって引き上げるようにとかしましょう。ブラシは毛に適度な油分が含まれているイノシシの毛のものがツヤがでるのでおすすめ。

おすすめはコレ!

酸化しにくく、オイルとは思えないほどサラッとした軽い感触。肌用ですが髪にも使えます。

［ハーバー研究所］HABA 高品位「スクワラン」

おすすめはコレ!

ツヤを出す猪毛と摩擦を軽減するイオン毛を混合。扱いやすいサイズでお手ごろ価格なのも◎。

［ジョンマスターオーガニック］コンボパドルブラシ ミニ

question

髪のボリュームが減って
すぐにペチャンコに…。

answer

大人は分け目をきっちりつくらない！乾かし方でもボリュームに差が。

ボリュームダウンした髪をふんわり見せるには、ドライヤーの使い方にコツがあります。毛束を持ち上げて、下から風をあてること。たったこれだけで髪の根本が立ち、ふわっとした感じに仕上がります。逆に上から風をあてたり、髪を下にひっぱりながらブローするのはＮＧです。特に、ボリュームが欲しい部分は、まず仕上げたい分け目と逆方向に毛を倒して風を当てるのも効果的です。髪型を変えずとも、印象がガラッと変わって、気分転換にもなりますよ。

ペチャンコ髪の解決策

①ドライヤーの風は下からあてる

髪の根本を乾かすために、毛束を持ち上げ、下から風をあてます。ペタンコになった分け目は根本の毛をつかんで逆向きに立ち上げて、温風→冷風の順に風をあててから戻すと、ふわっとします。

②定期的に分け目を変える

分け目がペタッとしてきたら、別の場所に変えてみてください。まっすぐ分けるのではなく、アバウトなラインにすると、より効果的！

③スタイリング剤でエアリー感をキープ

仕上げに、ふわっとさせたいところの根本を持ち上げてスプレーしておきましょう。髪の内側からつけるのがポイント。

おすすめはコレ！

髪をかためずにふんわりとセットできる優れもの。手ぐしで簡単に整えられ、ツヤ感もアップ。

[コーセー] スティーブンノル　マットフィニッシング スプレー

hair 3

髪に関するお悩み

question

白髪がふえてきて、髪型迷子中。

answer

白髪がふえる今こそ、冒険のチャンス。ハイライトや明るい髪色も楽しめますよ。

だんだんふえてくる白髪。これは仕方ないとしても、少しずつというのがなかなか厄介。40代、50代では、まだグレイヘアにするのは早い気もするし、かといって、生え際やもみあげ、分け目などの白髪って、すごく目立ちますよね。しかもなぜか出かける前に見つけちゃったりするから困ったものです。そんな大人世代に備えていてほしいのが〝白髪隠し〟。ささっと塗るだけで気になる部分を簡単にカバーできて、とても便利です。

また、白髪がふえてきたら白髪染めで黒く染めるのが主流だった昔と違って、最近ではいろいろな選択肢が出てきました。たとえば、白髪を目立たなくするために、おしゃれ染め（ファッションカラー）で髪全体をハイトーンにしたり、ハイライトをちりばめて白髪をぼかすというのも、ひとつの手。これなら少々髪が伸びてしまっても白髪が気にならず、染める回数を減らせます。

ある意味、こんなにわかりやすい過渡期を楽しめるのは、今だけ。冒険するなら今がチャンスかもしれません。

過渡期の髪にやさしいお手入れグッズ

シャンプー＆コンディショナー

潤いアップ

頭皮を健やかに整えよう

〝肌にいいものは髪にもいい〟をモットーに開発された地肌をいたわる低刺激処方のヘアケア剤。うるおいを残しながら美しくなめらかな髪へと導きます。

[アリミノ] スプリナージュ モイストヴェール　シャンプー・トリートメント

ボリュームアップ

ハリ、コシのある髪へ

薄毛の根本ケアにアプローチしたシリーズ。ボリューム感をアップする成分が含まれていて、根本からふんわりと立ち上がるような頭皮環境に整えてくれます。

[プレミアアンチエイジング] クレイエンス クレイスパ薬用スカルプシャンプーV＆クレイスパ薬用リペアトリートメントV

スカルプケア

夜寝る前のマッサージにおすすめ

乾燥による過剰な皮脂を防ぎ、頭皮を健やかな状態にしてくれる夜用の美容液。とろみのあるテクスチャーで流れ落ちることがなく、ベタつきません。

[エスティローダーカンパニーズ] AVEDA スカルプ ソリューション オーバーナイト セラム

流さないトリートメント

**乾燥による
ダメージを防ぐ**

塗れた髪になじませてから乾かすと、しっとりなめらかな手触りに。乾燥による髪の広がりを抑えます。

[ジョンマスターオーガニック] R＆A ヘアミルク N（ローズ&アプリコット）

ヘアオイル

**いたんだ毛先も
つるんとツヤやかに**

濃密な生搾りオイルが髪を包み、外的な刺激から髪を保護。毛先を中心になじませると、ベタつかず自然な仕上がりに。

[カラーズ] ザ パブリック オーガニック　スーパーシャイニー シャインモイスト 精油ヘアオイル

ドライヤー&ヘアアイロン

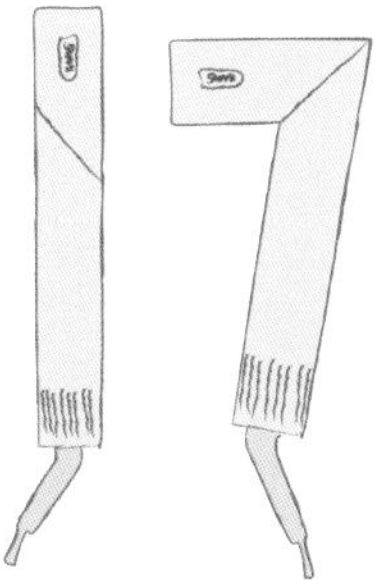

**ドライもスタイリングも
この一台で**

熱ダメージを与えないパワフル速乾。付属のアクセサリーをつけてヘアアイロンやホットカーラーのようにも使えます。風の力でセットできるので髪をいためません。

[シャークビューティ] フレックススタイル マルチスタイリングドライヤー HD434J

育毛剤

**大人の髪の
発毛を促進**

毛母細胞にアプローチする育毛成分 CTP を配合した女性用の薬用育毛剤。使用感がさっぱりしていてベタつかず、年じゅうストレスなく使えます。

[デルメッド] ヘアエッセンス

白髪隠し

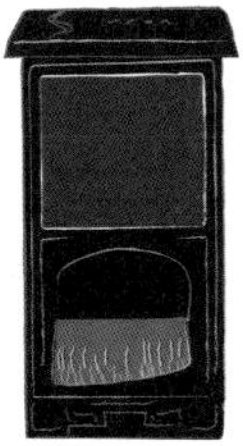

**気になる白髪に
ブラシで
サッとひと塗り**

外出前、目立つ白髪を発見したときに、サッとカバーできるすぐれもの。汗や雨に強く、ふんわり自然な仕上がり。シャンプーで簡単に洗い落とせます。

[ハーバー研究所] HABA 白髪カバーファンデーション

**根本はもちろん
広範囲のカバーにも**

生え際や分け目など、根本からしっかり塗りやすいクシ付きペンタイプ。トリートメント成分が配合されていて、さりげなくツヤやかさもアップしてくれます。

[ドクターシーラボ]　簡単ひと塗り白髪カバー

おわりに

いかがでしたでしょう。みなさんのお悩みを少しでも解消することができたでしょうか。つい忘れてしまいがちですが、すべての人は平等に歳を取り、誰ひとり永遠に若いままの人はいません。だからこそ、今を大切に生きられるのではないでしょうか。若さは確かに魅力ですが、大人には大人のよさがあります。歳を重ねたからこそ内面から湧き出る魅力は、若い人にはどうやったって出せないものです。ほかの誰かや昔の自分と比べず、今のご自分を愛して、大切にしてあげてください。そのために、メイクやスキンケアはきっと役に立ちます。

40〜50代は、心も体も大きく変わる時期。これから先も明るくイキイキとした顔で生きていくには、まずは心も身体も健康でいることが第一です。そのためにも、ご自分のことを〝大切な人〟として扱って、可愛がってあげてくださいね。波が寄せては引くように、太陽が昇ったら沈むように、何事もずーっと一緒ということはないのが世の常です。自分の心も同じく浮き沈みがあって当たり前ですから、沈んだ時に自分を責める必要はありません。あ、今ちょっと落ち込んでるなと気づいたら、いつもよりていねいに自分に触れて、労ってあげる時間を作ってください。

最後に、本書を作るにあたり関わってくださったすべての方々に、心より感謝申し上げます。いつもご指導下さる京都丹後一心寺院首藤原信良師、編集の八木さんと多田さん、イラストレーターの重さん、デザイナーの五十嵐さん、そしてこの本を手にとってくださった皆さま、どうもありがとうございました!

２０２３年　メイクアップアーティスト　レイナ

レイナ reina

メイクアップサロンCrystalline（クリスタリン）主宰。1978年生まれ。早稲田大学を卒業後、大手化粧品会社に勤務。美容師免許を取得。2006年よりフリーランスのメイクアップアーティストとして活動を始め、女優やモデル、文化人などさまざまな年齢層の女性のヘアメイクを手掛ける。美容誌やCMなどの撮影に携わるかたわら、完全予約制にてプライベートメイクレッスン、グループレッスンなどを行っている。https://www.reina-make-up.com/

Staff
取材・構成　多田千里
デザイン　五十嵐久美恵 pond inc.
イラスト　重 志保
校正　鷗来堂
編集　八木優子

45歳からの自分を好きになるメイク

著者　レイナ
編集人　森 水穂
発行人　倉次辰男
発行所　株式会社 主婦と生活社
〒104-8357 東京都中央区京橋3-5-7
編集部　Tel 03-3563-5199
販売部　Tel 03-3563-5121
生産部　Tel 03-3563-5125
https://www.shufu.co.jp
製版所　東京カラーフォト・プロセス株式会社
印刷所　大日本印刷株式会社
製本所　小泉製本株式会社

ISBN978-4-391-16109-0